GESCHICKT GEFLICKT

Lieblingskleidung ausbessern statt wegwerfen

stiebner

Für meine Nichte Chloe, meine Neffen Sebastian, Elías, Mateo und Lachlan und meine jungen Freunde Eleanor und Lucy; ihr seid die Zukunft. Mit diesem Buch möchte ich euch alles beibringen, was ich weiß, auch wenn ich nicht persönlich da bin.

Und für Mom,
meine erste Nählehrerin und mein größter Fan.
Ich liebe dich mehr!

INHALT

VORWORT

Hallo! Mein Name ist Hilary Harper, und ich bin süchtig danach, Dinge zu flicken. Es ist schwer, den einen Moment festzulegen, in dem ich süchtig wurde, aber ich wette, es war damals, als ich an Weihnachten ein Geschenk auspackte und meine eigene, winzige, pinke Plastiknähmaschine entdeckte. Ich habe sie neben Moms gestellt, an der sie Cordlatzhosen und Nickikleider nähte, und war überzeugt, dass ich ebenfalls so einen Flickenzauber beherrschen könnte.

„Zauber" ist nicht übertrieben. Als Kind konnte ich gar nicht glauben, wie man aus einem Haufen Stoff und etwas Litze ein Holly Hobbie Rüschenkleid herstellt, das mich als Fünfjährige umgehauen hat. Später schien es normal, dass Kleider, Geschenke und Dinge im Haushalt einfach hergestellt und, wenn nötig, geflickt wurden. An langen Nachmittagen voller Handarbeit und Gesprächen sowie Unmengen an Tee wurden maschinelle Probleme gelöst und Kunst kreiert, und ich nahm diese Fähigkeiten einfach so auf. Schon bald war ich süchtig, süchtig nach Flicken.

Das Nähen von Hand war meine Einstiegsdroge: Zu lernen, wie man die Stoffdichte bestimmt, wie fest man eine Nadel einsticht, die Fadenspannung schätzt und Maschen an den Fersen von Socken zählt. Nähen, auftrennen, noch mal nähen, um die Naht exakt hinzukriegen. Damals, in der Steinzeit (okay, den 1980ern), war es wichtig, dass das Geflickte perfekt aussah, denn geflickte Kleidung bedeutete, dass man arm oder geizig war. Ich erinnere mich, wie mir eine meiner mutigeren Cousinen erzählte, dass sie einen blauen Wollrock mit knalloranger Wolle gestopft hatte. Sie lachte, als ich geschockt kicherte.

Oh, wie sich die Dinge geändert haben, höre ich euch sagen! Und es stimmt: Unter den Handarbeitern und Flickern sieht man viel mehr Kreativität. Aber wir sind immer noch eine recht kleine und geschlossene Gruppe. Deswegen brauchen wir Bücher wie dieses – Bücher, die zeigen, wie einfach das Flicken sein kann und wie viel Spaß es machen kann. Wir brauchen Bilder von spannenden, kreativen und wunderschönen Reparaturen, in Buchläden und Klassenzimmern und auf Werkbänken und Sofatischen, überall.

Denn es gibt viele Leute wie mich, die es geschafft haben, alles zu vergessen, was sie früher gelernt haben und schließlich gar nicht mehr nähen. In meinen Zwanzigern kaufte ich all meine Kleidung in Secondhandläden und nähte sie enger oder ließ den Saum aus oder schnitt Teile ab und nähte sie auf interessantere Art wieder an. Doch als ich dann 30 wurde und echte Jobs bekam, veränderte sich etwas. Der Flickstapel wurde immer höher, aber irgendwie hatte ich nie genug Zeit, mich darum zu kümmern.

Aus irgendeinem Grund hatte ich aufgehört, etwas zu tun, das mir Vergnügen und Befriedigung bereitete … 20 Jahre lang. Meine Beziehung zu Dingen wurde oberflächlicher und anderes nahm meine Zeit in Anspruch. Es war, als würden die Dinge, die ich früher geschätzt hatte, nicht mehr zählen.

Und dann kam Marge (alias das bequemste T-Shirt, das ich je hatte). Ich habe Marge nach Baby Nummer 2 gefunden, als die Bequemlichkeit das Wichtigste war. Sie war weit und weich und schwarz-weiß gestreift. Wenn ich sie trug, fragte mich mein Mann immer, ob ich gern in der russischen Marine diene. Ich trug sie, bis die Bündchen und der Kragen fast völlig zerfranst waren. Die weißen Streifen wurden durchsichtig und die Nähte sahen aus, als hätten Motten sich daran gütlich getan. Marge war das schmelzende Meereseis unter den T-Shirts, aber ich konnte mich nicht von ihr trennen.

Dann traf ich Erin. Und ich erfuhr, dass Erin Flickaufträge annahm. Als Erin das T-Shirt sah, schaute sie ganz betroffen, als wüsste sie, dass es sowohl ein Höhepunkt wie auch der Tiefpunkt ihres Lebens als Flickerin sein würde …

Es wurde Large Marge getauft, und wird in die Annalen des sichtbaren Stopfens eingehen als eines der tollsten Projekte, das jemals von einer Frau mit viel Schneid und Hingabe vollendet wurde (s. S. 184–187). Im hohen Alter ist Marge frech (sie hat sogar ein Tattoo auf ihren Streifen) und ich habe beschlossen, dass sie wie Opas Axt ist, die so viele neue Griffe und Klingen bekommen hat, dass man nicht mehr sagen kann, was alt und was neu ist.

Ich erfuhr, dass Erin Flickkurse anbot und belegte einen. Dieser winzige Funke in mir begann erneut zu glühen – unter anderem, weil Erins Unterrichtsstil so offen und freundlich ist. Er findet sich auch in diesem Buch – ein paar einfache und interessante Techniken, ein paar großartige Farbvorschläge und einige neu-alte Ideen, bei denen es euch in den Fingern juckt, diesen Flickstapel endlich anzugehen.

Heute bringe ich meinen Kindern das Nähen bei. Mein Vierjähriger war so begeistert, als er einen Knopf irgendwo auf den Bauch seines T-Shirts genäht hatte, dass er ihn allen in der Kita zeigte. Das ist super, nicht nur, weil die Kinder dadurch lernen, anders über Konsum zu denken, sondern weil sie so ganz konkret begreifen (wortwörtlich) können, was Ressourcen sind, Kreativität und die Lebensdauer menschlichen Wirkens. Aber am wichtigsten: Es macht Spaß. Und wenn das, was wir mit unserer Kleidung anstellen, Leute erfreut oder erstaunt oder zu einem Gespräch führt, dann ist es die Arbeit wert.

– Hilary Harper, Moderatorin und leidenschaftliche Flickerin

EINLEITUNG

Ich liebe die Flickkunst. Ich kremple meine Ärmel hoch und repariere fast alles: Kleider, Schuhe, Keramik, Haushaltswaren, misslungene Haarschnitte und sogar Liebesleben. (Ich habe mal eine Singleparty bei mir zu Hause veranstaltet, die ich Meet Market nannte, um Freunden mit Pech in der Liebe zu helfen.)

Seit ich denken kann, repariere und flicke ich, aber ich war nicht immer umweltbewusst. Ich habe schon als Kind gelernt, mit einer Nähmaschine zu arbeiten, das Flicken bedeutete also bloß, die Kleider, die ich herstellen konnte, in Ordnung zu bringen. Den größten Teil meines Lebens sah ich diese Fähigkeit als selbstverständlich an und dachte, jeder mache es so. Erst 2012, als ich anfing, mit Reparaturcafés zusammenzuarbeiten, und 2014, als ich die Organisation Bright Sparks (die Elektrogeräte repariert) gründete, wurde mir das Müllproblem in Australien und der ganzen Welt bewusst. Und auch, wie wichtig Reparaturen – und sie anderen beizubringen – für einen gesunden Planeten sind.

Nichts ist „weg"

Laut der United Nations Framework Convention on Climate Change (UNFCCC) ist die Modeindustrie für circa 10% der globalen Treibhausgasemissionen verantwortlich. Laut einer Greenpeace Studio zur Fast Fashion (2017) kaufen deutsche Verbraucher im Jahr durchschnittlich 60 Kleidungsstücke – tragen diese allerdings nur noch halb so lang wie vor 15 Jahren. Doch es wird nicht nur mehr Kleidung konsumiert – wir werfen auch mehr weg. In Deutschland insgesamt circa 1,3 Tonnen Kleidungsstücke pro Jahr. Und dies sind nicht nur ausgiebig getragene Stücke, sondern häufig auch Teile, die ungetragen im Kleiderschrank hingen.

Ein beängstigender Gedanke, denn: Wenn man etwas wegwirft, ist es nicht weg. Ob man nun Kleider in die Mülltonne schmeißt oder sie spendet, sie existieren immer noch – das Problem wird bloß verschoben.

Wenn wir Kleidung spenden, sehen wir nur, was wir selbst weggeben, nicht wie viel Zeug andere spenden. Tatsache ist, dass die Secondhandläden in Fast Fashion ersticken und nur einen geringen Teil wiederverkaufen. Der Rest wird weggeworfen, verschifft oder zu Lumpen verarbeitet.

Secondhandläden werden unerwünschte Kleider nicht für Sie flicken.

Es gibt einen anderen Weg

Ein Journalist hat mich mal gefragt, ob Flicken den Planeten retten könnte. Vielleicht nicht, habe ich geantwortet, aber ein sichtbar geflicktes Kleidungsstück inspiriert eventuell drei andere Leute, mit dem Flicken anzufangen und umweltbewusster zu sein. Reparieren bedeutet, sich zu kümmern und sich bewusst zu werden. Das sind die ersten Schritte, die nötig sind, um den Mist, in dem wir stecken, zu beseitigen. Jeder trägt Kleidung, und praktisch jeder kann Kleidung flicken, (auch Sie!), es ist also einfach, die Dinge besser zu machen.

Aber es ist eine Sache, über das Problem und den Lösungsweg zu reden, und eine andere, über die Fähigkeiten und das Wissen zu verfügen, es tatsächlich zu tun. Reparieren wird oft als Lösung genannt, ohne dass praktische Anleitungen geboten werden. Genau an dieser Stelle setzt dieses Buch an.

Ich habe *Geschickt geflickt* geschrieben, weil das Buch, das ich haben wollte, nicht existiert. Und die wirklich nützlichen Bücher zum Flicken, die vor Jahrzehnten erschienen sind, sind nicht mehr lieferbar, außerdem muss man sie an die aktuelle Kleidung anpassen.

Ich habe das Buch so aufgebaut wie meine Flickkurse: Mit 5 Haupttechniken, vielen nützlichen Tipps und Beispielen zur Inspiration. Stellen Sie sich *Geschickt geflickt* als eine Art Kochbuch vor. Sie müssen es nicht von Anfang bis Ende durchlesen, sondern können mal hier, mal da nachschlagen, gerade so, wie Sie es brauchen. Und mich können Sie sich als Ihre Cheerleaderin vorstellen, ich feuere Sie an, bis Sie es schaffen. Ich weiß, dass Sie es können!

Reparieren-Probieren

Beschädigte Kleider sind immer einzigartig. Manchmal muss man über dieses Buch hinaus denken, und anhand der neuerworbenen Fähigkeiten eine Methode ausprobieren oder Methoden kombinieren. Hauptsache, es funktioniert. Manches, was im Buch vorgestellt wird, sind traditionelle Techniken, anderes das Ergebnis von jahrelangen Experimenten.

Wenn Sie eine neue, bessere Art entdecken, etwas zu flicken, loben Sie sich und teilen Sie Ihr neugefundenes Wissen mit anderen! Ich finde es so wichtig, es einfach zu versuchen, denn nur so lernt man.

Wenn Hände arbeiten, geschieht Magisches – Ihre Hände lernen etwas und das ist anders, als sich eine Zeichnung anzusehen oder eine Anleitung zu lesen. Kochen Sie eine Tasse Tee und machen Sie es sich gemütlich! Ich liebe Tee, und das Ritual des Teekochens ist eine schöne (und leckere) Art, ein neues Projekt zu beginnen. Es hilft, sich zu entspannen und zu konzentrieren, so dass man bereit ist, etwas Neues auszuprobieren und zu lernen. Viel Spaß beim Flicken!

– *Erin Lewis-Fitzgerald*

NÜTZLICHE TIPPS

1. **Die beste Methode ist die, die funktioniert!** Das ist mein Motto. Sicher, manche Methoden sind haltbarer oder umweltfreundlicher, aber besser, ein Kleidungsstück ist nicht ganz perfekt geflickt, als überhaupt nicht.

2. Beim Kauf von Flickzubehör: **Wählen Sie Farben und Materialien, die Ihnen Freude bereiten,** damit Sie sie auch verwenden. Wenn Sie sich bei der Auswahl von Farben, Stoffen und Garnen lieber Zeit lassen, rechnen Sie mehr Zeit für jede Technik ein und kochen Sie noch eine Tasse Tee. (Mir macht das am meisten Spaß!)

3. **Machen Sie „Vorher"-Fotos.** Dieser Tipp ist von meiner Mom, die weit weg von mir lebt und „Vorher"-Bilder meiner geflickten Sachen liebt. Ein echter Vorher-Nachher-Vergleich macht Spaß, und hat man einmal mit dem Flicken angefangen, ist die Chance auf ein Vorher-Foto vertan. Auch wenn Sie die Bilder niemandem zeigen, sind sie toll, um Ihre Fortschritte zu erkennen.

4. **Verbinden Sie die Löcher.** Bevor ich loslege, markiere ich alle Löcher in einem Kleidungsstück mit Sicherheitsnadeln. So erwische ich jedes einzelne Loch (manchmal findet man sie kaum, wenn man sie sucht) und erkenne mögliche Formen oder Designs, die mich inspirieren.

5. **Beim ersten Anzeichen eines Lochs flicken.** Bei fadenscheinigen Stoffen können Sie vorbeugend flicken. Je länger man wartet, desto größer werden die Löcher und umso mehr Arbeit ist es für Sie. Können Sie etwas nicht gleich flicken, nehmen Sie es aus Ihrem Schrank, damit es nicht schlimmer wird. Flicken Sie vor dem Waschen, da Löcher in der Waschmaschine größer werden (Ausnahme: Wenn jemand für Sie flickt, ist es höflicher, das Stück vorher zu waschen).

6. **Passen Sie die Webart, Struktur und Stärke des Stoffs oder Garns an die des Kleidungsstücks an,** aber experimentieren Sie mit Farben und Mustern. Flicken Sie Leinen mit Leinen, nutzen Sie alte Jeans, um Denim zu flicken und Wolle für Wollpullis. Manchmal halte ich mich nicht an diese Regel, wenn meine (zu nichts passenden) Glitzergarne unbedingt vernäht werden wollen.

7. **Erst sichern, dann verschönern.** Extrem beanspruchte Stellen müssen extra verstärkt werden (z.B. mit Leder anstelle von Filz an Filzpantoffeln, falls die Zehen immer wieder herausschauen). Ausgefranste Knopflöcher und Gürtelschlaufen sollten vor dem Nähen mit Stoffflicken repariert werden. Manche Stickstiche können beides, aber wenn etwas oft getragen und gewaschen wird, ist die Verstärkung immer wichtiger als die Schönheit.

8. **Man kann fast alles auch ein zweites Mal flicken,** wenn man geübter ist, eine andere Inspiration hatte oder eine neue Technik beherrscht. Manche Methoden sind dauerhafter als andere, aber häufig kann man das, was man begonnen hat, später noch zu verbessern.

9. **Es wird immer mehr Löcher geben,** wieso sie nicht direkt einplanen? Man kann schon beim Kleiderkauf darauf achten, dass die Stücke gut verarbeitet sind und wie man sie flicken kann, wenn es so weit ist (siehe *Bevor es losgeht*).

10. **Üben Sie das Flicken zuerst an Stoffresten.** Auf diese Weise werden Sie geschickter, ohne etwas kaputt zu machen. Ich verwende dazu Geschirrtücher: 1. Sie sind die günstigste Kunstform, die man in seinem Zuhause haben kann, 2. durch den robusten Stoff können auch Anfänger sie leicht nähen. Und 3. sie werden so viel benutzt, dass man sieht, wie gut Ihre Flickereien diesen Einsatz und das Waschen aushalten.

BEVOR ES LOSGEHT

Bevor ich etwas flicke, gehe ich im Kopf eine Checkliste durch, um zu entscheiden, wie ich es angehe.

Normalerweise läuft das so:

1. Zu viele (oder zu waghalsige) Ideen, monatelanges Grübeln, wie es weitergehen soll.
2. Das kaputte Kleidungsstück so lang wie möglich beiseitelegen, manchmal so lang, dass es mir nicht mehr passt.
3. Endlich mit dem Flicken beginnen. Uff!
4. Ich hasse das Ergebnis und trenne alles wieder auf.
5. Mit einer anderen Methode oder Material neu anfangen. Uff! Ausrasten und die Frage stellen: Ist das hier meine beste Flickerei jemals oder eine sehr schlechte Idee, die meine Klamotten ruiniert?
6. Fertig werden und aufrichtig überrascht feststellen, dass das geflickte Kleidungsstück jetzt mein absolutes Lieblingsstück ist.
7. Ich trage es ständig und genieße die Komplimente.
8. Ab Punkt 1 so oft wie nötig wiederholen.

Ich habe nicht gesagt, dass sei die beste Herangehensweise. Sie sehen, auch ich werde nervös! Da muss man durch, um zum Ergebnis „Lieblingsstück" zu gelangen. Aber es gibt ein paar Schlüsselfragen zu beantworten, bevor man loslegt:

Wo befindet sich der Schaden und wie ist es dazu gekommen?

Entstand der Schaden bei einem Unfall oder passiert so was immer wieder? Stellen, die besonders beansprucht werden, wie Knie, Achseln, Schritt, Taschen, müssen robust geflickt werden. Löcher am Knie können gestopft werden, aber Stoffflicken halten länger. Falls Sie wie der Unglaubliche Hulk aus Klamotten platzen, die an manchen Stellen zu eng sind, reicht es nicht, sie wieder zusammenzunähen, ein stärkerer Reißschutz ist dann nötig (oder vielleicht eine Änderung, um Ihrem Hulk mehr Platz zu bieten). Kleidungsstücke mit Flecken oder Farbverlust können mit rein dekorativen und weniger robusten Methoden behandelt werden: Färben, Bemalen, Besticken etc. Ich persönlich ziehe am Schritt, in den Achseln und anderen Stellen, auf die ich keine Aufmerksamkeit lenken möchte, unsichtbares Flicken vor, aber sonst überall deutlich sichtbares.

Woraus besteht das Kleidungsstück

Ist es gewebt oder gestrickt, schwer oder leicht, aus Natur- oder Kunstfasern?

Wollkleidung kann man gut stopfen oder Nadelfilzen, wohingegen gewebte Stoffe besser mit Flicken zu besetzen sind.

Wie wird das Kleidungsstück getragen und gewaschen?

Geschirrtücher, T-Shirts, Socken und Kindersachen brauchen etwas Robustes, das häufigem Waschen standhält, während Pullis nur selten und von Hand oder im Wollwaschgang gewaschen werden.

Sind die noch guten (intakten) Teile robust genug fürs Flicken?

Manchmal wird ein Kleidungsstück zu morsch und fadenscheinig, um es weiter zu flicken. Ich achte also darauf, dass die „guten" Teile des Kleidungsstücks noch solide genug sind, damit sich das Flicken lohnt und darauf, dass sie neue Nähte und/oder Materialien halten können. Kleider, die zu kaputt sind, können noch zu einem tollen Erbstück werden, wie Patchworkdecken, und die besten Teile von Hemden und Unterhosen werden tolle Flicken und Putzlumpen.

Bilden die Löcher ein Muster, das als Inspiration dienen könnte? Gibt es ein Motiv oder Muster, das man wiederholen kann?

Ich lasse mich von dem Kleidungsstück inspirieren. Wenn es gepunktet ist, ergänze ich Punkte in anderen Farben. Ich liebe kontrastfarbige Streifen in Streifenmustern. Wenn auf dem Stoff Lebensmittel zu sehen sind, dann passt vielleicht ein Tier, das sie isst; auf einem blauen Hintergrund sehen Wolken oder Fische hübsch aus. Wenn etwas mehrere Löcher hat, markiere ich sie zuerst mit Sicherheitsnadeln und schaue mir dann an, welches Muster die Verteilung nahelegt. Ich denke auch daran, wie das Kleidungsstück auf längere Sicht aussehen wird. Falls es das erste (oder zweite) Mal geflickt wird: Wie kann ich mein Design so ausrichten, dass zukünftige Flickereien gut einzufügen sind? Wenn ich für jemand anderen flicke: Kann der- oder diejenige das Thema, das ich begonnen habe, weiterführen?

Welchen Kleidungsstil hat der Besitzer?

Wenn ich mich nicht entscheiden kann, ob es eher lustig oder nur schön werden soll, frage ich den Besitzer, ebenso wenn es um die Farbwahl geht. Kinderkleider können spielerischer geflickt werden, wenn ich etwas für meinen Mann flicke, dann halte ich mich beim Stil und den Farben sehr zurück. Wenn ich für mich selbst flicke, geht einfach alles, aber meist neige ich zu Experimenten mit einer neuen Technik, einem neuen Design oder Material – dadurch bleibt es spannend und ich lerne ständig etwas Neues.

MIT MUSTERN SPIELEN

Mein Freund Michael hat dieses schöne Hemd genäht. Er hat sich leider einmal verschnitten, und seine Frau Cindy hat es vorne mit Zickzackstich und hinten mit einem Flicken geflickt.

Michael hat mich gefragt, wie ich es geflickt hätte.

Das Hemd ist gut geflickt, aber es gibt noch andere Möglichkeiten. Das hier könnte bloß der Anfang sein, und der Riss als Inspiration für ein paar lustige Dekorationen dienen. Ich habe ein paar Beispiele gezeichnet, um zu erklären, was ich meine, damit Sie auf neue Ideen kommen.

Hier der Riss aus der Nähe.

In dieser Version wird daraus Gras, auf dem die Pferde laufen.

Oder es sind VERLIEBTE Pferde.

Oder vielleicht reitet auf ihnen ein Cowboy mit einem Lasso. (Yee-haw!)

Gesprächsthema

Die Beispiele sind etwas albern und passen nicht zu jedem. Aber denken Sie mal kurz wie ein Aktivist: Lustige und interessante Reparaturen wecken eher die Neugier und regen zu Fragen an. Man hat so die Chance, der Welt zu erzählen, dass man etwas selbst geflickt hat. Ein witziger Flicken ist ein cleverer Trick, Leute dazu zu bringen, über Nachhaltigkeit, Slow Fashion und all die wichtigen und nicht witzigen Dinge zu sprechen, die wir öfter diskutieren müssten.

Diese Gespräche haben zwei Vorteile:

1. Sie ermuntern Leute, ihre Kleidung zu flicken (anstatt wegzuwerfen), woran sie vielleicht nicht gedacht hätten.
2. Sie brechen mit Vorurteilen, wie Flickereien aussehen und beweisen, dass sie witzig und/oder schön sein können.

Diese Gespräche müssen nicht persönlich geschehen – sie können auch online sein.

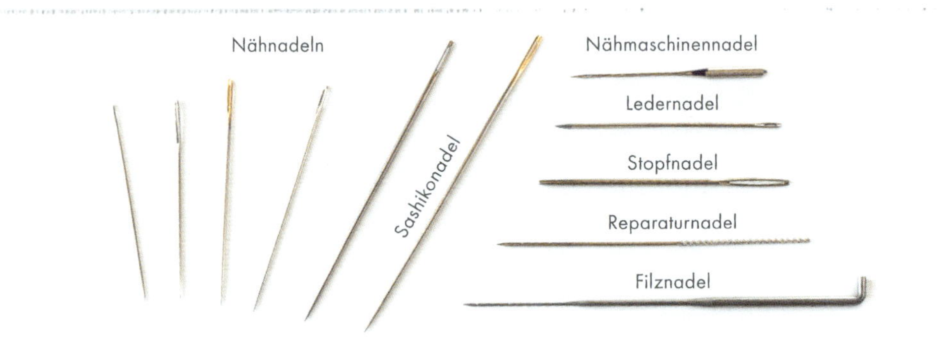
Nähnadeln
Sashikonadel
Nähmaschinennadel
Ledernadel
Stopfnadel
Reparaturnadel
Filznadel

Nadeleinfädler
Nadeleinfädler mit
Fadenabschneider
süßer
Nadeleinfädler
Kolibri
Sticknadeleinfädler
Stopfnadeleinfädler

Sicherer Behälter für zerbrochene/verbogene/stumpfe Nadeln

HANDWERKSZEUG

Hier eine Liste von Handwerkszeug und Materialien, die man für jede Technik braucht:

(Nicht vor der Menge erschrecken. Nicht alle sind nötig, aber manche sind eine Extrahilfe, wenn man sie braucht.)

NADELN

Nähnadeln gehören in jedes Flickkästchen. Als Faustregel sollte man die dünnste Nadel mit dem passenden Öhr wählen. Dünne Nadeln eignen sich am besten für dünne, zarte Stoffe wie Seide oder Chiffon, um diese nicht zu beschädigen, dickere Nadeln sind gut bei robusten Garnen und Stoffen (z.B. Denim). Ich nutze ein paar Varianten:

- Spitze Nähnadeln mit kleinem Öhr.
- Bei den meisten Flickereien benutze ich lange Sticknadeln mit großem Öhr.
- Stopfnadel sind perfekt, um Handgestricktes zu stopfen. Sie haben ein großes Öhr für dicke Fäden und sind stumpf, um Wollfäden nicht zu teilen.
- Extra lange Sashikonadeln eignen sich perfekt für Sashikostickerei.
- Ledernadeln sind praktisch für Leder und andere kräftige Materialien (ich habe damit schon Plastik und Neopren genäht).

Nähmaschinennadeln gibt es in unterschiedlichen Größen und Typen. Man kann Universalnadeln kaufen oder Spezialnadeln für Ihren Stoff – Jerseynadeln für T-Shirts, dünne Nadeln für dünne Stoffe wie Seide, Chiffon und Baumwollvoile und Jeansnadeln oder dicke Nadeln für Denim und Canvas.

Filznadeln haben feine Widerhaken, die die Fasern verfilzen.

Reparaturnadeln machen die Reparatur von gezogenen Fäden oder Maschen so viel schneller. Anstelle eines Öhrs haben die Nadeln eine raue Oberfläche, so dass man Fäden schnell packen und auf die linke Stoffseite ziehen kann.

Nadeleinfädler sind eine clevere Erfindung, man muss sich nicht schämen, einen zu benutzen! Besonders, wenn man so beim Flicken effizienter und weniger nervös wird. Ich mag die besonderen Einfädler für Stickerei, sie sind haltbarer als die aus Draht (der schnell bricht) und eignen sich auch besser für die dickeren Fäden, die ich oft verwende.

Nadelgläser, in denen man kaputte Nadeln sammelt. So geht man nicht das Risiko ein, sich daran zu stechen, bevor man sie wegwirft. Sie können die Nadeln auch in einem speziellen Sammelbehälter entsorgen.

BÜGELEISEN

Das Bügeleisen ist Ihr Freund!

- Es entfernt Stofffalten.
- Es befestigt Aufbügelflicken.
- Es lässt Flicken besser aussehen.
- Es macht das Flicken unsichtbarer, wenn man das möchte.

Für das beste Ergebnis sollte man die Hitze auf den empfindlichsten Stoffteil des Kleidungsstücks einstellen. Stickereien sehen am besten aus, wenn sie von links gebügelt wurden. Und Dampf ist der Geheimtrick, um Nadelfilzen, Stopfen, Laufmaschenreparaturen zu glätten. Aber schalten Sie den Dampf beim Flicken aufbügeln aus, damit Sie sich nicht die Finger verbrennen.

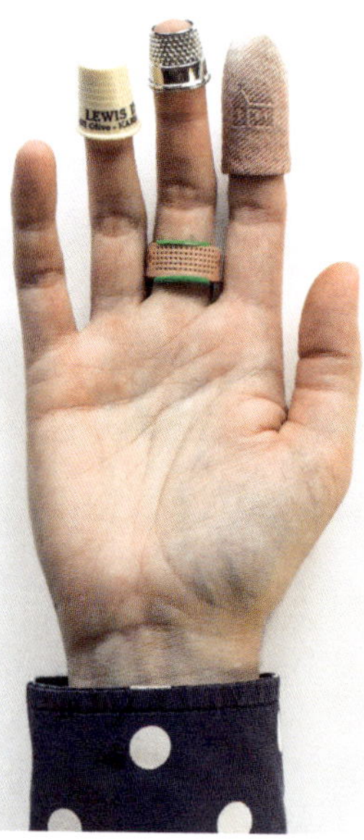

FINGERHÜTE

Ein Fingerhut schützt und bietet eine feste Oberfläche, mit der man die Nadel durch dicken Stoff drücken kann. Fingerhüte gibt es in vielen Mustern und Größen. Ausprobieren lohnt sich, um den zu finden, der auf Ihrem Lieblingsfinger gut passt. Mein Lieblingsfingerhut ist aus weichem Leder (an meinem Zeigefinger). Sie können ihn aus einem Lederrest selbst basteln.

STECK- & SICHERHEITSNADELN

Mit Stecknadeln heftet man einen Stoffflicken ans Kleidungsstück, damit er beim Flicken nicht verrutscht. Ich mag die mit Glasköpfchen, weil man über sie hinweg bügeln kann. Wenn ich von Hand nähe, ziehe ich Sicherheitsnadeln vor, um mich nicht zu stechen.

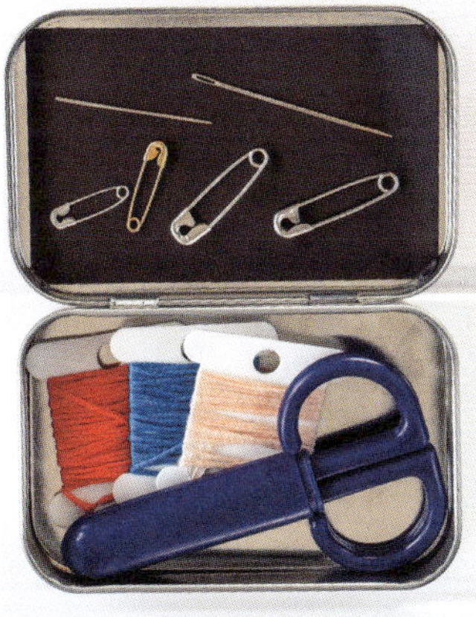

REISESET

Mein Reiseflickset ist eine alte Dose für Pfefferminzbonbons, im Deckel steckt ein Kühlschrankmagnet, an dem die Nadeln kleben. Es enthält eine kleine Schere mit einer Schutzhülle, damit die Spitze unterwegs nichts kaputt macht. (Man kann auch eine Hülle aus einem Lederrest selbst nähen.)

Wenn man im Flugzeug flicken möchte, sollte man vorher in den Regeln der Fluggesellschaft nachsehen, was aktuell an Bord erlaubt ist. Die Regeln ändern sich immer wieder und können je nach Fluglinie und Ziel abweichen.

STOFF MARKIEREN

Mit diesen Stiften und Markern markiert man Linien zum Nähen, Schneiden oder Umrisse. Am besten probiert man sie zuerst an einer nicht sichtbaren Stoffecke aus (z.B. innen am Saum), da sie auf manchen Stoffen schwer zu entfernen sind. Vor dem Bügeln komplett entfernen, die Hitze könnte sie sonst einbrennen.

Micron Pens, Fineliner (links) sind permanent, aber ideal, um Stickmuster und Buchstaben dünn vorzuzeichnen.

Hera Marker (zweiter von links) ziehen eine vorübergehende Falzrille, die beim Waschen verschwindet.

Kreide (Mitte) wird als Schneiderkreide (am Stück), Kreidestift, Kreiderad und Kopierpapier verkauft. Schweiß und wiederholtes Reiben lassen die Linien eventuell verschwinden, daher benutze ich sie nicht für komplexe Nähprojekte.

Selbstlöschende Trickmarker (dritter von rechts) enthalten Tinte, die mit der Zeit verschwindet, sie sind nichts für langfristige Projekte.

Trickmarker (wasserlöslich) (rechts) sind meine Lieblingsmarkierer. Auswaschbare (mit Seifenwasser) Crayola Marker sind praktisch und es gibt sie in vielen Farben.

SPITZEN & HAKEN

Spitzzangen können helfen, die Nadel durch dickes Material wie Jeans oder auch Schuhe zu ziehen, wenn ein Fingerhut nicht mehr reicht. Sie sind auch bei manchen Reißverschlussreparaturen nützlich.

Nahttrenner helfen beim Auftrennen von Nähten, wenn man bequemer an die kaputte Stelle kommen will oder selbst einen Fehler gemacht hat. Aber Vorsicht, man kann damit den Stoff auch beschädigen und zusätzliche Löcher machen. Ich nutze sie vor allem bei Maschinennähten und ansonsten eine scharfe Schere.

Häkelnadeln und Knüpfhaken sind praktisch, um Laufmaschen in Strickstoffen zu beheben (siehe S. 141). Häkelnadeln gibt es in vielen Stärken und leicht gebraucht oder neu zu kaufen. Knüpfhaken wurden früher häufiger genutzt, als noch mehr geflickt wurde. Der Schnappverschluss hält den Faden zurück, aber heute sind sie schwieriger zu finden. Man kann online nach winzigen Knüpfhaken für Perücken suchen.

Zackenschere
Haushaltsschere
Stickschere
Fadenschere
Feder- oder Springschere
Stoffschere
Rollschneider

SCHEREN

Scharfe, gute Scheren machen das Flicken einfacher. Man braucht zwar nur eine gute im Nähkasten, aber ich verwende gern mehrere für unterschiedliche Zwecke.

Anmerkung: Eine Schere sollten Sie nur fürs Schneiden von Stoff und Fäden reservieren, da Papier die Klingen stumpf machen kann.

Stickscheren sind toll bei kleinteiliger Arbeit wie z.B. Fäden abschneiden, Nähte auftrennen, um aus Spitze Flicken auszuschneiden oder um abstehende Fasern beim Nadelfilzen abzuschneiden. Wenn ich nur eine einzige Schere haben dürfte, dann diese. Man braucht aber keine spezielle Stickschere – jede kleine, spitze Schere (wie eine Nagelschere) funktioniert.

Haushaltsscheren reichen für die meisten Flickereien. Ich habe eine, um damit Bügelvlies und andere klebrige Materialien zu schneiden, da der Klebstoff die gute Stoffschere stumpf machen kann.

Fadenscheren schneiden, was der Name verrät. Eine liegt immer neben meiner Nähmaschine.

Feder- oder Springscheren sind eine gute Alternative, wenn normale Scheren unbequem oder schwierig zu benutzen sind. Man kann damit wunderbar Löcher in Stoff schneiden (falls Sie das Flicken üben wollen), auch bei umgekehrten Applikationen. Weil die Klingen scharf und klein sind, kann man sie auch beim Sticken einsetzen.

Zackenscheren ergeben eine zackige Kante, so dass der Stoff nicht ausfranst – eine simple Alternative zu einer Nähmaschine. Außerdem machen sie Aufbügelflicken etwas peppiger. Auch mit diesen sollten Sie kein Papier schneiden, da sie sonst stumpf werden und schwer zu schärfen sind.

Stoffscheren schneiden auch dicken Stoff wie Jeans und Canvas wie Butter!

Rollschneider sind nützlich, um gerade Kanten an Flicken zu schneiden. Man rollt an einem Lineal entlang (mit einer Schneidematte darunter).

BEESWAX

ZUM STABILISIEREN

Stickrahmen straffen den Stoff – perfekt zum Nähen und Stopfen von gewebtem (nicht-elastischem) Stoff, aber weniger bei Strickwaren (stattdessen Stickvlies ausprobieren). Idealerweise sollte der Rahmen größer als die kaputte Stelle sein, 20cm ist eine gute Durchschnittsgröße. Beim Flicken eines großen Lochs oder Riss darauf achten, den Stoff im Rahmen nicht zu sehr zu dehnen, sonst ist die Naht/das Gestopfte wellig und verzogen, sobald man den Rahmen abnimmt (Schuss- und Kettfäden müssen ausgerichtet sein – s. Einmaleins des Stoffs, S. 27 – und sollten sich nicht ums Loch wellen). Bei einem großen Loch oder Riss kann Papier die bessere Wahl sein.

Stopfpilze sind praktisch, wenn man Rundes wie Socken stopft, und ihr Stiel hilft bei Handschuhfingern. Stopfpilze waren mal weitverbreitet, sind heute aber schwieriger zu finden, suchen Sie online nach alten oder nehmen Sie ...

... Orangen! Orangen und andere Zitrusfrüchte kann man genauso einsetzen wie Stopfpilze, außerdem sind sie leicht zu finden, duften gut, wenn man sie anpiekst und man kann sie danach essen. Mandarinen haben die richtige Größe für Kindersocken; für extra Ökopunkte bringen Sie Kindern bei, ihre Socken selbst zu stopfen!

Papier kann zum Stabilisieren beim flachen Stopfen benutzt werden, wenn ein Stickrahmen oder Stopfpilz den Stoff zu sehr dehnen würde. Etwas Papier unter der kaputten Stelle am Rand entlang heften (s. Heften, S. 38). Das Loch stopfen (aber nicht das Papier), am Ende den Heftfaden und das Papier entfernen.

Stickvlies stabilisiert dehnbaren Stoff, so dass er einfacher zu bearbeiten ist, man findet es in Handarbeitsläden. Heften oder stecken Sie die Einlage fest, sticken Sie durch Stoff und Einlage. Wenn Sie fertig sind, waschen oder reißen Sie den Rest ab. Wasserlösliche Vliese sind einfacher zu benutzen und sind durchsichtig oder farblos, so dass man sie über einem aufgezeichneten Muster oder der kaputten Stelle anwenden kann. Aber ich habe noch keine umweltfreundliche Version gefunden und nutze sie daher nur selten. Baumwolleinlagen zum Abreißen sind umweltfreundlicher, aber nicht durchsichtig, also am besten unter der Arbeit zu benutzen.

Bienenwachs und Fadenwachs überziehen den Faden mit einem Film und beugen Knoten und Flüchen vor. Altes Garn, Garn von schlechter Qualität oder eines, das sich schnell verheddert, kann so gebändigt werden. Ein Stück vegane Seife ist eine gute Alternative.

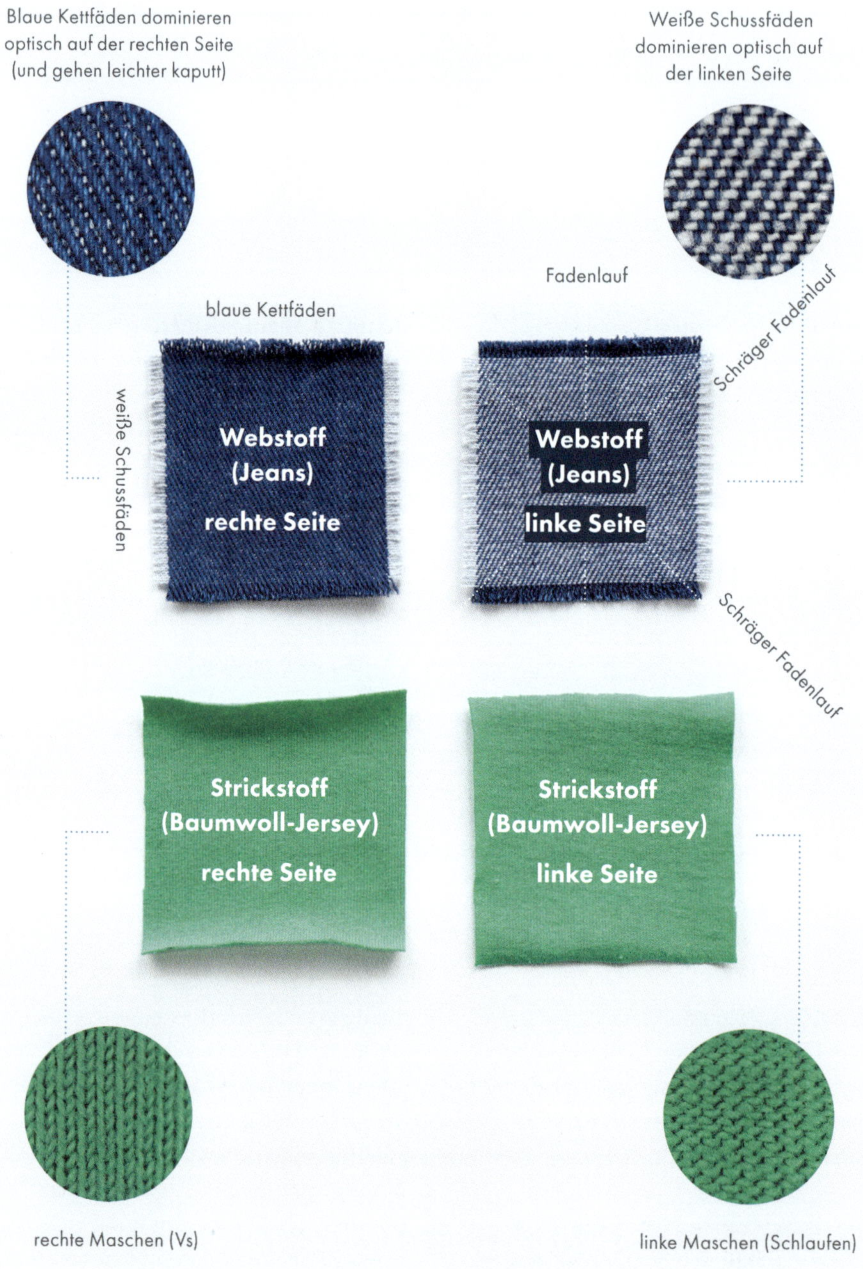

Ich liebe die linke Seite beim Denim, die eigentlich die Rückseite ist, und nutze sie oft als Vorderseite (siehe Carolyns Ofenhandschuhe, S. 157)

EINMALEINS DES STOFFS

Ich erwähne in diesem Buch zwei Hauptarten von Stoff: gewebt und gestrickt.

Webstoffe entstehen, wenn Schussfäden horizontal durch vertikale Kettfäden gewebt („geschossen") werden. Sie sind nicht elastisch, es sei denn, sie enthalten bestimmte Kunstfasern (wie Lycra).

Der Fadenlauf eines Webstoffes folgt den Kettfäden und für einen schrägen Schnitt wird diagonal (in beiden Richtungen) geschnitten. Ein Schrägschnitt ist elastischer, also sollte man nicht daran ziehen oder nähen, es sei denn, es soll dehnbarer werden.

Für das beste Ergebnis sollte der Fadenlauf des Flickens dem Fadenlauf des zu flickenden Stoffs folgen. Wenn man den Stoff in einen Stickrahmen spannt, dann zieht man ihn in Richtung des Fadenlaufs glatt und nicht schräg, sonst verzieht er sich.

Denim ist ein sogenannter Köper, das Webmuster sieht wie diagonale Streifen aus, was bei blasserem Denim und auf der Innenseite Ihrer Jeans eher zu sehen ist. Für ein dichtes Maschinenstopfen dem Fadenlauf oder den diagonalen Streifen folgen – je nachdem, was besser zu erkennen ist. Bei Stretchjeans erhält Nähen und Stopfen schräg zum Fadenlauf die Elastizität.

Strickstoffe entstehen durch das Stricken eines Fadens, also durch ineinander verschränkte Schlaufen. Das bekannteste Muster ist glatt rechts, bei dem die rechten Maschen auf der Vorderseite wie Vs und die linken Maschen auf der Rückseite wie kleine Schlaufen aussehen. Dieses Muster verleiht dem Stoff die Elastizität.

Der Fadenverlauf eines Strickstoffs folgt den vertikalen Reihen der Vs oder Schlaufen. Für das beste Ergebnis sollte der Fadenlauf des Flickens dem Fadenlauf des zu flickenden Stoffs folgen.

Wenn man Strickstoff auf klassische Art stopft (also gewebt), wird das nicht so elastisch wie das restliche Kleidungsstück. Wenn es dehnbar werden soll, dann kann man noch einmal schräg darüber stopfen oder eine Technik nutzen, bei der das Strickmuster imitiert wird.

TECHNIK:

Sticken

Von Hand nähen und sticken zu können, ist eine vielseitig einsetzbare Fähigkeit. Man kann dann einfach nur flicken oder die Stücke verschönern, so dass sie zu etwas ganz Besonderem werden.

Mit der Hand zu nähen ist bei kleineren Sachen, wie einen Knopf annähen oder einen aufgegangenen Saum heften, die schnellste Methode. Bei größeren Stücken kann es langsam und repetitiv sein. Aber gerade dieses Repetitive kann toll sein, man kommt in einen Flow und entspannt sich.

Alles, was man dafür braucht, ist klein und tragbar, man kann sich damit also wunderbar die Wartezeit beim Arzt oder auf Reisen vertreiben.

In diesem Kapitel zeige ich meine Lieblingsstiche für sichtbares und unsichtbares Flicken, vom Stopfen übers Nähen bis zum Sticken. Es ist nur eine kleine Auswahl aller Stiche, weitere Inspirationen findet man in Büchern.

Es gibt nicht die eine, richtige Art, Stoffe zu flicken – mein Motto lautet, „Hauptsache, es funktioniert". Es ist egal, ob man nach oben oder unten stickt, von rechts oder links oder wie man die Nadel hält, solange das Kleidungsstück am Ende weniger kaputt ist.

Eine gleichmäßige Stichlänge und Fadenspannung sollten das Ziel sein, nicht die Perfektion. Sie sind ein Mensch, keine Nähmaschine. Meine Schüler üben an Baumwollgeschirrtüchern – glatter, robuster Stoff hilft Anfängern, und gestreifte Geschirrtücher haben eingebaute Linien, denen man folgen kann.

BEESWAX
Water Erasable Marker
3810
CA02776
ORGANIC COTTON
MADE IN E.U.
No. 50
日本の伝統刺繍
刺し子糸
大かせ100
DMC
740

WAS MAN BRAUCHT

DAS WESENTLICHE

Stoff, der geheilt werden will. Auf nicht elastischem Stoff stickt man leichter, aber man kann auch Strick- und Stretchstoffe besticken – benutzen Sie Stickvlies oder achten Sie besonders darauf, den Stoff nicht zu dehnen.

Garn zum Sticken/Nähen. Gleich- oder kontrastfarbiges Garn wählen, je nachdem, ob sichtbar oder unsichtbar geflickt werden soll.

- **Allesnähgarn** besteht aus Polyester, Baumwolle oder einer Mischung. Es ist billig und überall erhältlich.
- **Polstergarn** ist nützlich, wenn man Knöpfe annäht oder Leder und Outdoorkleidung flickt.
- **Steppgarn** ist extra dick und gut, um maschinengesteppte Nähte zu flicken (z.B. am Jeanssaum) und um Knöpfe und Knopflöcher von Hand zu nähen.
- **Sticktwist** besteht aus sechs Fäden, man wählt, wie viele man zusammen nutzt. Damit es sich nicht verheddert, vorher um Spulen oder Wäscheklammern (Foto) wickeln.
- **Perlgarn** ist wie ein Tau gezwirnt, es soll nicht geteilt werden und fügt eine hübsche Struktur hinzu.
- **Sashiko-Garn** ist japanische Baumwolle, perfekt für Denim. Damit es sich nicht verheddert, Sashiko-Garn vorher zuschneiden und flechten.
- **Glitzergarn** ist witzig bei sichtbarem Flicken.
- **Menschliches Haar** (ja, ehrlich!) kann zum Flicken benutzt werden.

Eine Nähnadel die zu Ihrem Faden und Stoff passt. Siehe Handwerkszeug (S. 17) für Details.

Eine scharfe Schere, um Fäden abzuschneiden und falsche Stiche aufzutrennen.

EXTRAS

Diese Dinge können das Sticken leichter machen. Siehe Handwerkszeug (S. 17) für Details.

Bienen- oder Fadenwachs um Knoten, Verheddern und Flüchen vorzubeugen.

Fadeneinfädler um den Faden leichter einzufädeln.

Fingerhut oder Spitzzange, um dicke Stoffe oder Stofflagen zu nähen.

Steck- oder Sicherheitsnadeln, um Säume und Nähte beim Nähen zu fixieren.

Stickrahmen, um den Stoff zu spannen.

Stoffmarker, um Linien vorzuzeichnen.

Stickvlies, für Stretchstoff.

HINTEN

VORNE

2b

2c

1. Teatime! Wenn es was Kleines ist, kochen Sie eine Tasse Tee, bei größeren Reparaturen ruhig eine ganze Kanne.

2. Wer mag: Den Stoff in einen Stickrahmen spannen.

   a. Die Schraube lockern, aber nicht herausdrehen.

   b. Den äußeren Ring entfernen und den Stoff über den inneren legen, die kaputte Stelle in der Mitte.

   c. Den äußeren Ring wieder darüberlegen (evtl. die Schraube weiter lockern). Die Schraube anziehen, bis der Stoff festsitzt.

   d. Den Stoff fest, aber nicht zu fest in Richtung der Kett- und Spannfäden ziehen (siehe Einmaleins des Stoffs für Details). Vorsicht, bei einem großen Loch oder Riss den Stoff nicht überdehnen, sonst verzieht sich alles, sobald der Rahmen entfernt wird. Am Fadenlauf kann man sehen, ob alles gerade ausgerichtet ist.

3. Bei Hosenbeinen oder Ärmeln ein Buch oder ein Stück Pappe einschieben, damit man nicht versehentlich die Stofflagen zusammennäht.

4

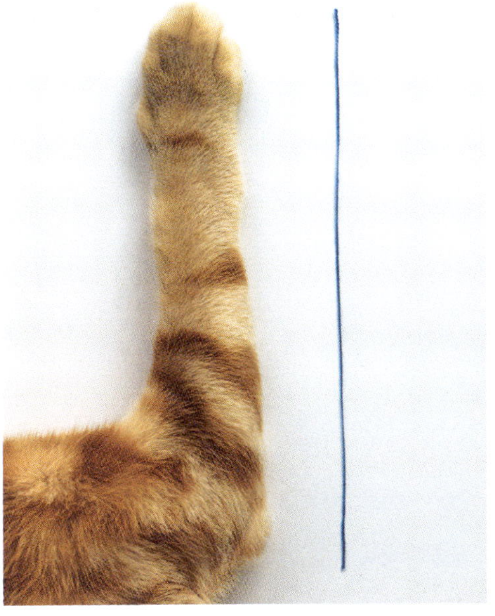

6

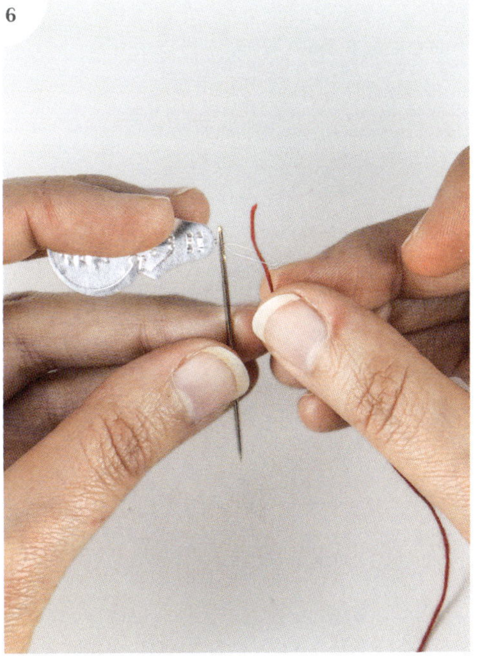

4. Die ideale Fadenlänge reicht von Ihren Fingerspitzen bis zum Ellbogen. Zu lange Fäden können beim längeren Arbeiten verknoten und verheddern, diese Länge garantiert, dass man den Faden mit einer Bewegung ganz durch den Stoff ziehen kann. Ein schräg abgeschnittener Faden kann leichter einzufädeln sein.

5. Wer mag: Den Faden wachsen, damit er besser gleitet und nicht verknotet.

6. Den Faden mit (Abb.) oder ohne Einfädler durchs Öhr fädeln. Weitere Tricks: Das Fadenende anlecken, die Nadel zum Faden führen (statt umgekehrt) und den Faden umknicken, für eine saubere Kante.

7. Entscheiden Sie, ob Sie mit einfachem oder doppeltem Faden arbeiten (ich nehme für Knöpfe oder dicke Stoffe doppelten). Dann einen Knoten knüpfen, mein Favorit ist der Zauberknoten (nächste Seite).

8. Jetzt wird gestickt! Siehe Methoden auf S. 38–43.

METHODE: ZAUBERKNOTEN

1

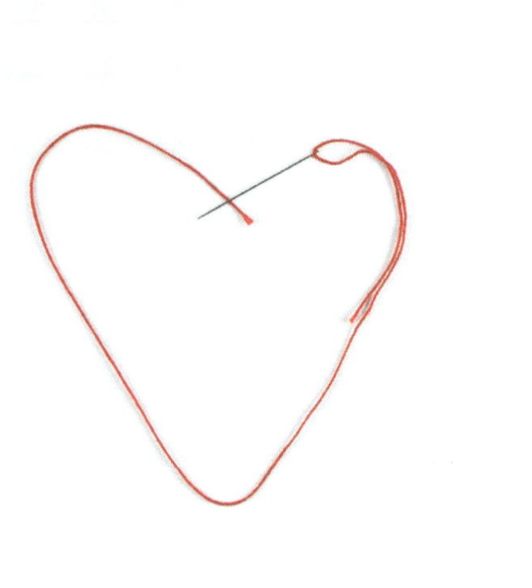

2

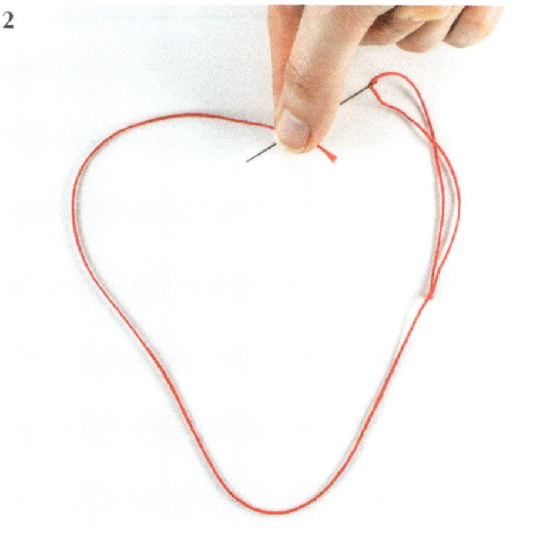

3

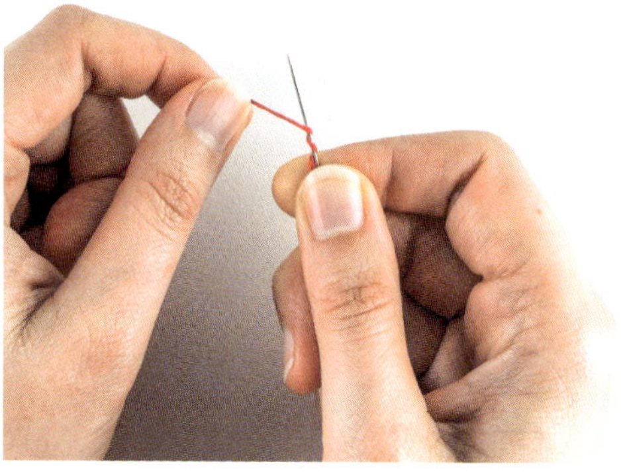

4

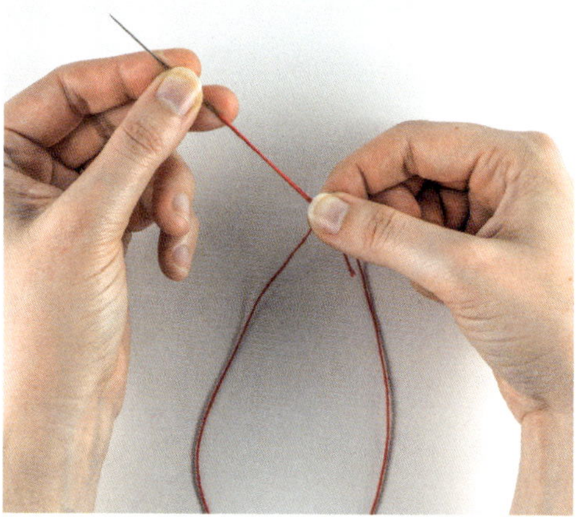

Das ist ein starker und sicherer Knoten. Hat man ihn einmal raus, liebt man ihn!

1. Eine Schleife legen, Nadel und Fadenende zeigen in unterschiedliche Richtungen.

2. Nadel und Faden zwischen Daumen und Zeigefinger zusammendrücken.

3. Mit der anderen Hand den Faden fest, mindestens zweimal, um die Nadel wickeln – für einen größeren Knoten öfter.

4. Den gewickelten Faden unter die zusammengedrückten Finger legen. Die Nadel mit einer Hand festhalten und den Wickel bis ganz ans Fadenende schieben.

METHODE: ABSCHLUSSKNOTEN

Bei dieser Methode muss man genug Faden stehen lassen – ungefähr so viel, wie die Nadel lang ist.

1. Auf der linken Seite die Nadel durch den letzten Stich führen (Abb.) oder durch ein, zwei Fäden im Stoff.

2. Durchziehen, so dass sich eine Schlaufe bildet, diese dann verdrehen.

3. Die Nadel durch die verdrehte Schlaufe ziehen und am Stoff einen Knoten knüpfen. Zur Verstärkung wiederholen.

4. Restlichen Faden abschneiden, ein paar Millimeter stehen lassen.

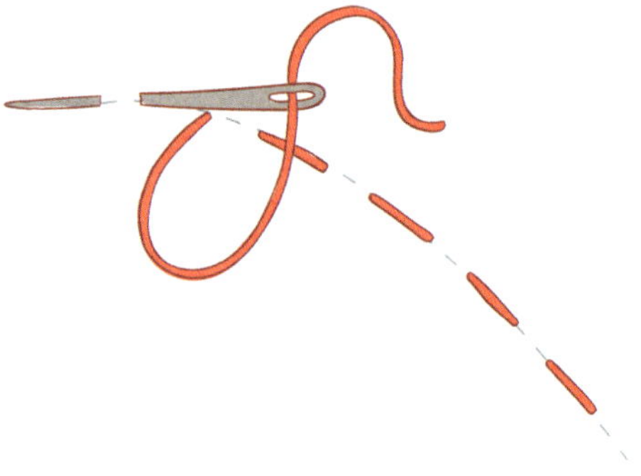

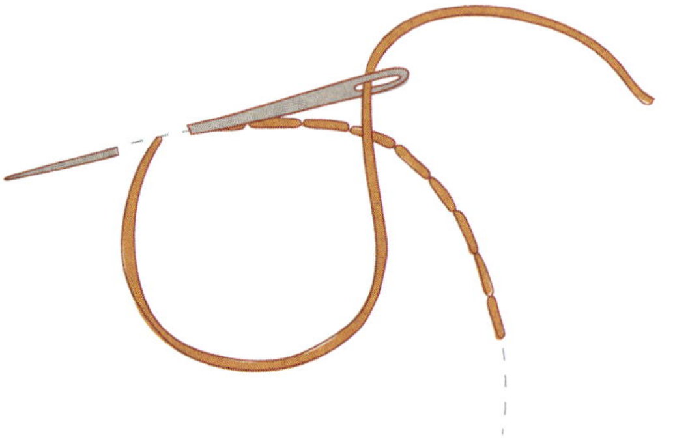

VORSTICH

Der Vorstich ist nützlich, um aufgeplatzte Nähte zu reparieren, Stoffflicken aufzunähen und mehrere Stofflagen zusammenzunähen. Ein Vorstich sollte üblicherweise so lang sein wie die Lücke dazwischen oder etwas länger.

Ich schiebe gern mehrere Stiche gleichzeitig auf meine Nadel, bevor ich sie durchziehe – das spart Zeit und die Linie wird gerader. (Lange Stick- und Sashiko-Nadeln sind für mehrere Stiche auf einmal gemacht.)

HEFTEN

Das Heften wird genutzt, um Stofflagen provisorisch zusammen zu halten, ohne Leim und Nadeln, sondern mit Stichen. Im Grunde ist es ein Vorstich, aber mit viel längeren Stichen und ohne Knoten, da die Stiche ja nur provisorisch sind und entfernt werden.

STEPPSTICH

Der Steppstich ist mein Liebling und entspricht dem Prinzip „zwei Schritte vor, einer zurück“. Auf der Vorderseite sieht er toll aus, aber chaotisch auf der Rückseite, eignet sich also vor allem für Kleidungsstücke, deren Rückseite man nicht sieht.

Beim Flicken kann er bei Nähten die Maschinennaht imitieren (wenn man nicht mit der Maschine arbeiten kann) und eignet sich als Randstich bei Stoffflicken. Er ist robust und flexibel und gut fürs Flicken von T-Shirts. Als Zierstich ist er ideal für Buchstaben, Gesichter und um aus Flecken ein Designelement zu machen.

Es gibt ein paar Variationen des Steppstichs, aber bei der klassischen Methode sollten keine Lücken zwischen den Stichen entstehen, die Nadel sticht in das Loch des vorigen Stiches ein (oder so nah wie möglich).

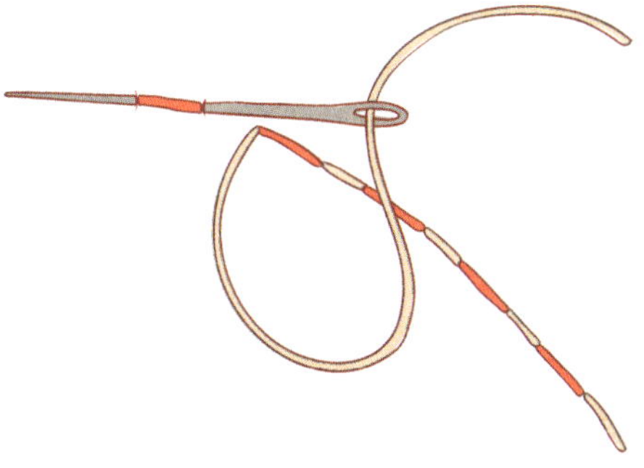

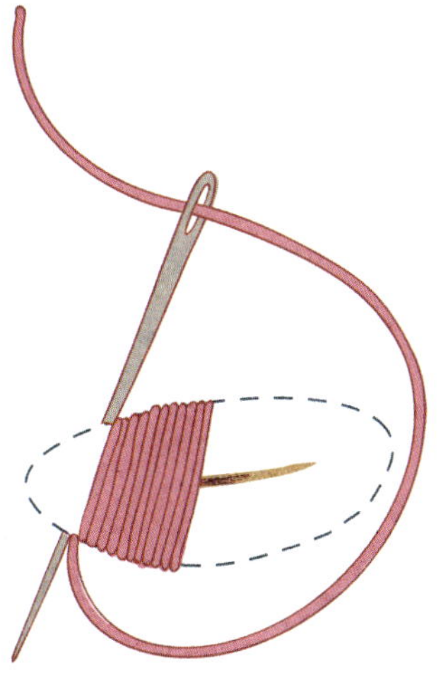

DOPPELTER VORSTICH

Der doppelte Vorstich ist eine clevere Alternative zum Steppstich, wenn beide Seiten gut aussehen sollen und man keine Maschine nutzen kann. Beginnen Sie mit einer Linie im Vorstich, dann füllen Sie die Lücken mit einer zweiten Reihe Vorstichen aus der anderen Richtung, die ersten Löcher dienen als Orientierung. Doppelter Vorstich sieht auf beiden Seiten gleich aus, aber die Linie wird nicht so gerade wie beim Steppstich oder der Nähmaschine. Soll es unauffällig sein, beides Mal dieselbe Farbe benutzen, für einen spielerischen Look lieber zwei unterschiedliche Farben nehmen (Abb. oben).

PLATTSTICH

Der Plattstich ist ein Stickstich mit einer geheimen Superkraft: Er schließt nämlich kleine Löcher und Risse von 1cm oder weniger. Man kann damit auch Flecken hübsch verdecken.

Zur Orientierung einen Umriss zeichnen, die kaputte Stelle sollte mit mindestens ein paar Millimetern Abstand darin liegen. Für eine klare Form kann man zuerst im Steppstich die Umrisse nachsticken.

Die Plattstiche sollten eng nebeneinander liegen, die Nadel jedes Mal auf derselben Seite ein- bzw. ausstechen. Bei langen Formen über die schmale Seite arbeiten, da lange Stiche beim Waschen leicht locker und labbrig werden.

Plattstich kann für Anfänger schwierig sein; am besten vorher üben. Am kniffligsten sind Kreise, für das beste Ergebnis beginnt man in der Mitte und arbeitet nach außen.

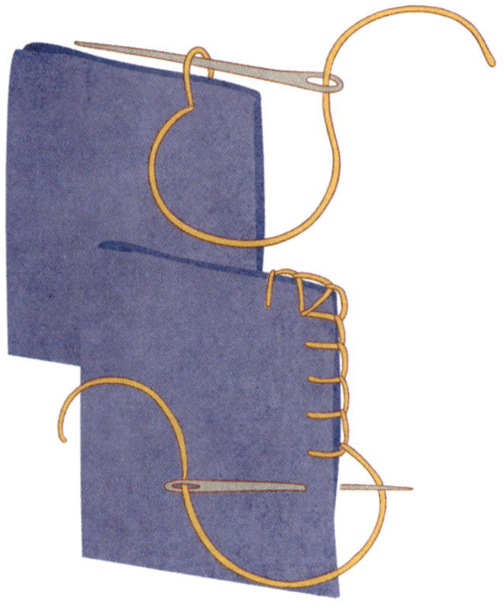

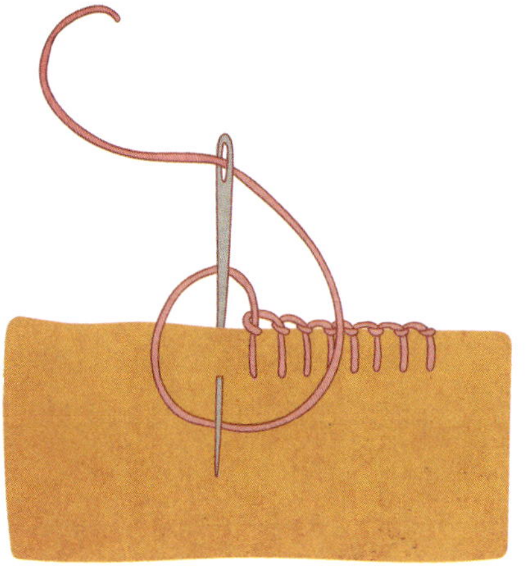

LANGETTENSTICH

Der Langettenstich ist ideal, um die Kanten von Decken oder Pullis zu flicken und wird oft bei Stoffflicken genutzt. Man beginnt mit einer engen Schlaufe: Den Faden um die Stoffkante legen und ins selbe Loch stechen, dann wie gezeigt die Nadel durch die Schlaufe führen. Jetzt kann man den Langettenstich ein paar Millimeter neben der ersten Schlaufe beginnen, die Nadel wird in einem Schritt nach unten und durch den Stoff geführt (s. Abb.), um so den Faden zu erwischen und zu sichern. Für das beste Ergebnis sollten die Stiche gleich hoch und im gleichen Abstand sein.

Anmerkung: Wenn man den Langettenstich enger zusammen stickt, kann man ihn als Knopflochstich verwenden, aber der echte ist haltbarer.

KNOPFLOCHSTICH

Anders als der Langettenstich beginnt der Knopflochstich mit der Nadel in der entgegengesetzten Richtung – vom Stoffrand weg, nach dem Stich wird die Nadel und der Faden wieder hochgezogen. Dadurch entstehen zusätzliche Schlaufen an der Kante, durch die das Knopfloch robuster wird und nicht so leicht aufgeht, sollte der Faden später doch einmal reißen. Schneider nutzen einen speziellen Faden, Knopflochseide, die aber schwer zu finden ist. Probieren Sie es stattdessen mit Stepp- oder Perlgarn (am besten vorher wachsen).

Wenn nur die Fäden des Knopflochs beschädigt sind, entfernen Sie sie, bevor Sie beginnen. Wenn auch der Stoff beschädigt ist, sollte man ihn vorher flicken.

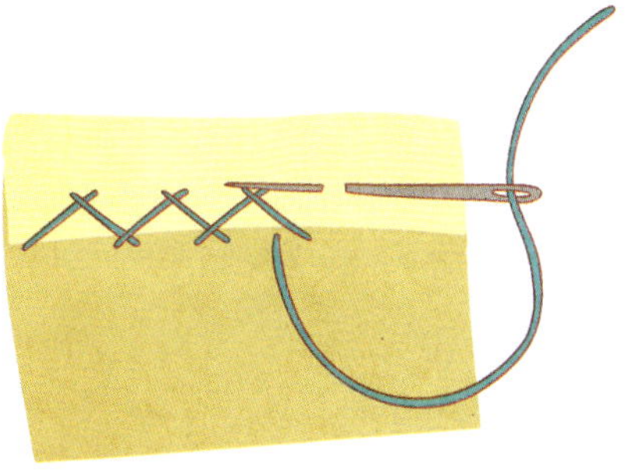

HEXENSTICH

Der Hexenstich ist ideal für Säume. Wenn es unauffällig sein soll, auf der linken Seite mit einem einfachen, gleichfarbigen Faden arbeiten und nur ein oder zwei Stofffäden aufnehmen. Als Zierstich auf der rechten Seite in Kontrastfarbe arbeiten.

ÜBERWENDLINGSSTICH

Der Überwendlingsstich eignet sich für Säume und Flickenränder. Überwendlingsstiche können schräg oder gerade sein, aber schräge Stiche (die Nadel in die andere Richtung geneigt) sparen Zeit, weil man mit jedem Stich eine größere Strecke näht.

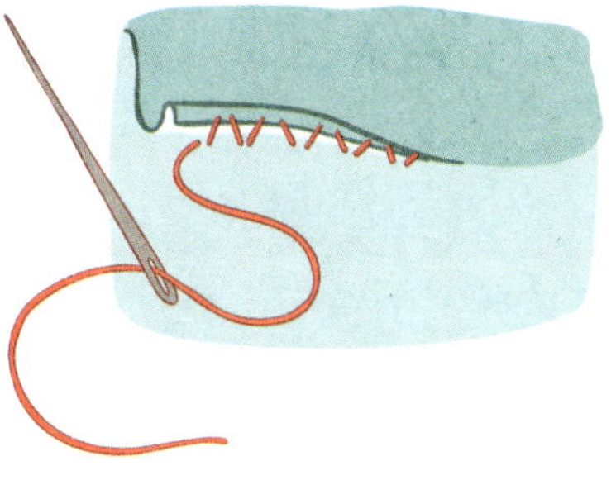

BLINDSTICH

Der Blindstich ist nützlich, um Säume und Nähte fast unsichtbar zu flicken. Auf der linken Seite winzige Blindstiche machen, dabei nur einen oder zwei Stofffäden aufnehmen, und längere Stiche durch den umgeschlagenen Saum, so ist auf der rechten Seite kaum etwas zu sehen.

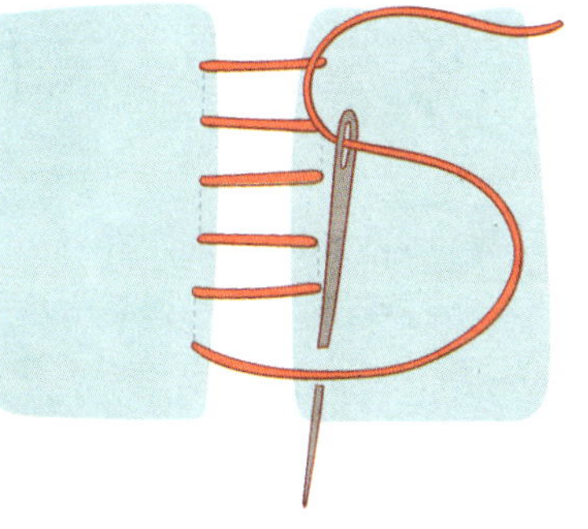

LEITERSTICH

Der Leiterstich wird ähnlich gearbeitet wie der Blindstich, doch die Stiche sind auf beiden Seiten gleich lang, der Faden ähnelt einer Leiter, bevor man ihn festzieht. Mit dem Leiterstich lassen sich Nähte unsichtbar von außen schließen, wenn man nicht an die Innenseite kommt (z.B. bei gefütterten Kleidern und Kuscheltieren).

STICHE

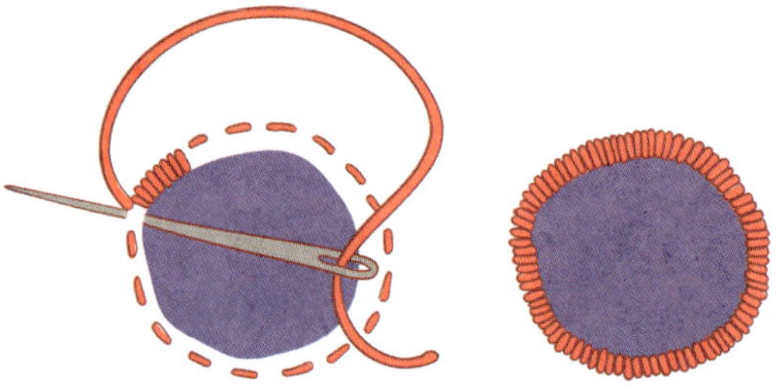

ÖSEN

Mit Ösenstich eingefasst werden aus Löchern Designelemente. Die Stiche stabilisieren die Löcher, so dass sie nicht weiter einreißen.

Das Loch mit einer kleinen, scharfen Schere wenn nötig zurechtschneiden. Im Vorstich umranden, dann wie gezeigt am Rand umsticken.

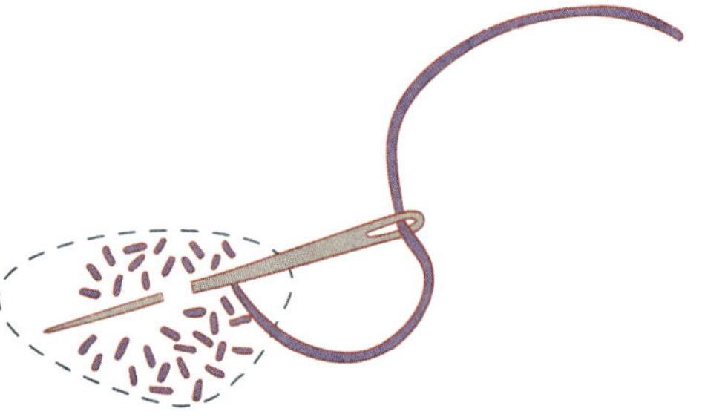

KURZER VORSTICH

Der kurze Vorstich ist ein Stickstich, der bei Stoffflicken nützlich ist, weil er die Stofflagen verstärkt. Der kurze Vorstich ist ideal für Anfänger, weil die Stiche zufällig gesetzt werden, es gibt kein Richtig oder Falsch, ein Vorstich ohne vorgegebene Linie.

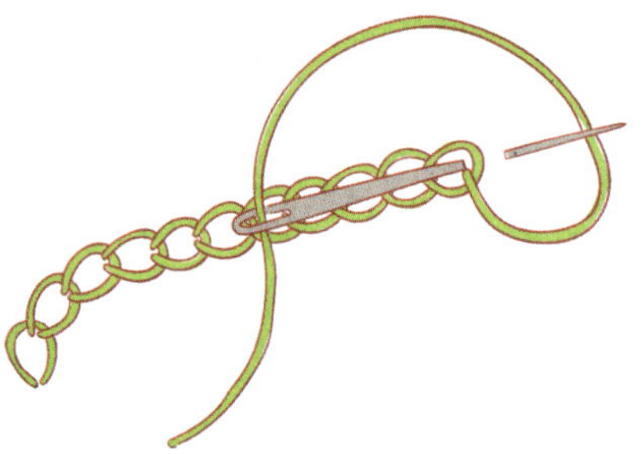

KETTENSTICH

Mit dem Kettenstich verziere ich oft meine Flickereien. Er eignet sich super für Buchstaben, Kanten und zum Füllen von Flächen. Beim Kettenstich ist es wichtig, die Nadel in einer Bewegung nach unten und oben durch den Stoff zu stechen (Abb.), um jedes Kettenglied zu sichern, das im selben Loch beginnen und enden sollte.

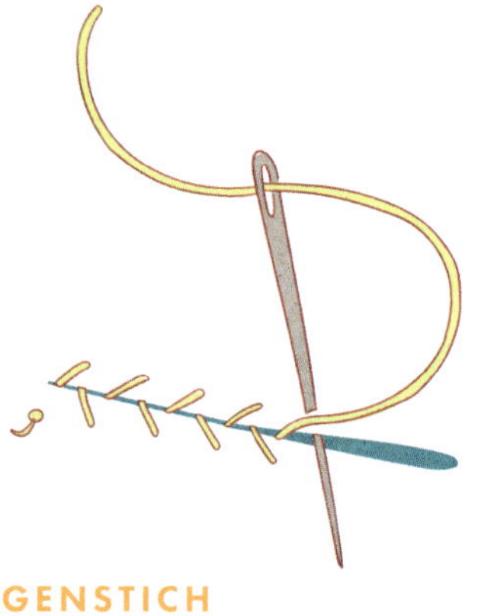

FLIEGENSTICH

Der Fliegenstich eignet sich zur Stabilisierung von Rissen im Stoff – der erste Schritt vor dem Stopfen (siehe S. 86). Bei Leder und Filz, die nicht ausfransen können, genügt er zur Reparatur. Risse mit ausgefransten Kanten müssen auch noch mit einem Stoffflicken versehen werden.

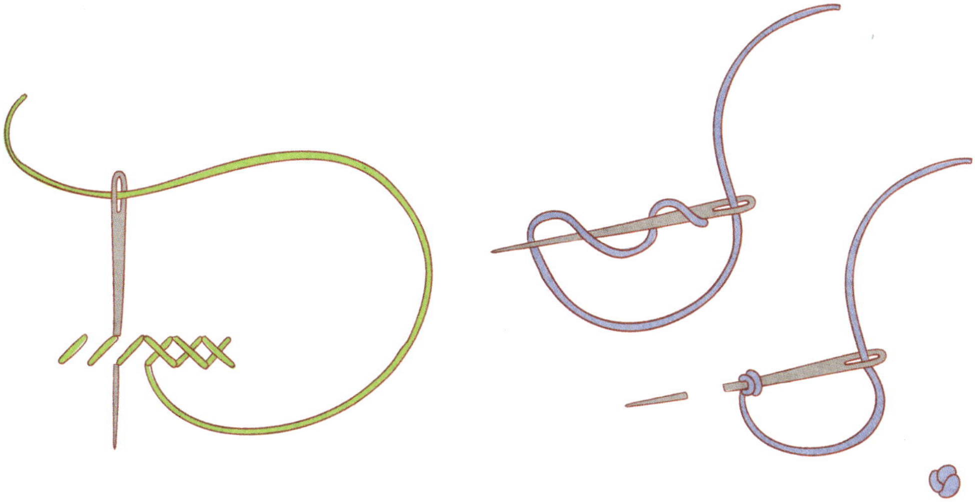

KREUZSTICH

Der Kreuzstich ist ein klassischer Stickstich, mit dem man gut winzige Löcher in T-Shirts flicken kann (siehe Erins T-Shirt, S. 179), und für Risse und Nähte, die nicht stark beansprucht werden (siehe Letas Kleid Nr.1, S. 197) oder schon mit einem Flicken verstärkt wurden (siehe Emily Os Bluse, S. 167). Man kann die Kreuze nach und nach sticken oder eine Reihe schräger Stiche in eine Richtung und die Kreuze auf dem „Rückweg" vervollständigen. Man zieht diesen Stich leicht zu fest an, ein Stickrahmen hilft, den Stoff glatt und stramm zu ziehen, bei elastischem Stoff muss man besonders auf die Fadenspannung achten.

KNÖTCHENSTICH

Mit dem Knötchenstich allein kann man nichts flicken, aber sie sind super, um Flicken und Gefilztes zu verzieren oder Flecken zu kaschieren. Beim ersten Mal ist er etwas knifflig, aber mit ein bisschen Übung ganz leicht.

Nadel und Faden nach oben durch den Stoff stechen und anziehen. Den Faden eng, mindestens zweimal um die Nadel wickeln (ähnlich wie beim Zauberknoten) und mit der freien Hand festhalten. Die Wickel unten am Stoff festhalten und mit der Nadel neben (aber nicht in) das erste Loch einstechen. (Wenn die Wickel nicht festgehalten werden, entsteht kein Knoten und man muss von vorn anfangen.)

Durch dickere oder dünnere Garne, mehr oder weniger Fäden oder Wickel kann man den Stich variieren.

Vorher

Nachher

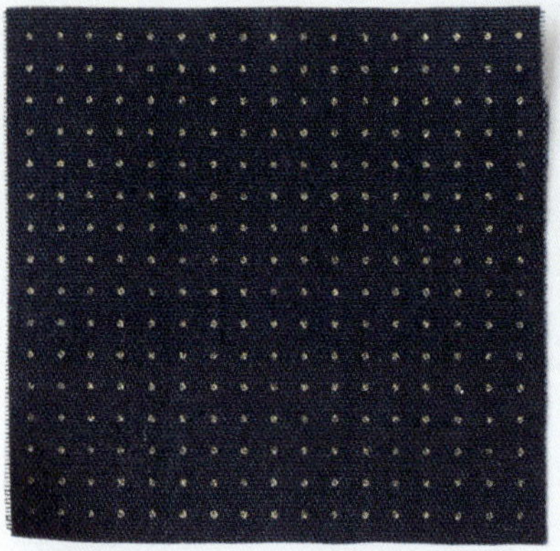

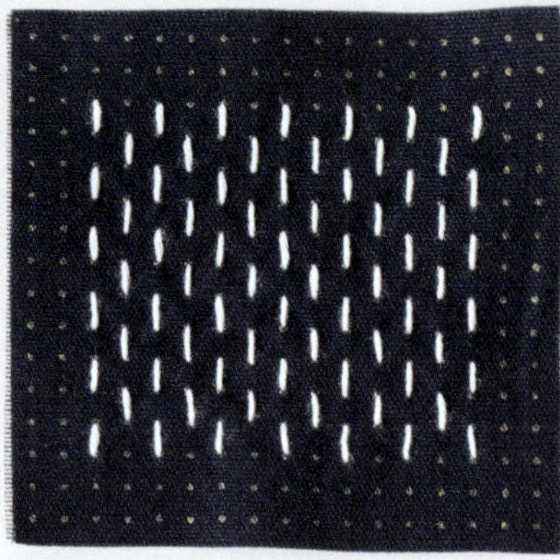

Besonders aufwendig

Etwas ausgefallener

INSPIRATION: SASHIKO

Sashiko ist eine japanische Sticktechnik, die im Vorstich wunderschöne, geometrische Muster entstehen lässt.

Beim Flicken im Sashiko-Stil muss man zunächst einen Stoffflicken entweder über oder unter der kaputten Stelle annähen (darüber ist für Anfänger einfacher). Die Sashikostiche verstärken die Stofflagen.

Sashiko kann ganz simpel sein, z.B. parallele Linien im Vorstich oder komplexere Muster haben, die auf Gittern oder Kreisen basieren. Man kann traditionelle Sashikodesigns (siehe Annas Jeans, S. 147) arbeiten oder eigene erfinden (siehe Emma Ms Jeans, S. 175).

Zeichnen Sie mit Lineal und Marker ein Gitter auf den Stoff oder arbeiten Sie frei Hand. Meine Lieblingsmethoden zum Markieren sind ein dunkler auswaschbarer Crayolamarker (auf Denim besser zu sehen als ein blauer Stoffmarker), und extra Sashikostoff (Abb.) mit vorgedrucktem Punktgitter oder Stichmuster. Der Druck verschwindet beim Waschen (siehe Handwerkszeug, S. 17, für mehr Stoffmarker).

Ich liebe es, echte Sashikonadeln und -fäden zu verwenden, weil sie von guter Qualität sind, und man gern mit ihnen arbeitet, aber sie können außerhalb Japans schwer zu finden sein. Man kann einen ähnlichen Effekt mit Stickgarn (Twist oder Perlgarn) und einer langen Sticknadel erzielen.

Bei Mustern, die auf Gittern basieren, werden traditionell zuerst die vertikalen Stiche gemacht, dann die horizontalen und dann die diagonalen. Wie beim klassischen Stopfen lässt man am Ende jedes Stichs kleine Schlaufen stehen, damit beim Waschen nichts einläuft.

Wenn man Jeans an den Knien oder anderen, schwer zu erreichenden Stellen flickt, kann man eine Seitennaht öffnen und später wieder schließen.

Es gibt ganze Bücher über Sashiko mit Stichmustern und den passenden Anleitungen. Ich empfehle Susan Briscoe's *The Ultimate Sashiko Sourcebook* und *Jessica Marquez's Make + Mend* (beide nur auf englisch erhältlich), falls Sie mehr erfahren wollen. Oder suchen Sie im Internet nach hübschen Sashikomustern oder Schablonen.

Ich kriege den Faden einfach nicht ins Öhr.

Probieren Sie es mit einer Nadel mit größerem Öhr, oder kaufen Sie einen Einfädler. Falls es an Ihren Augen oder der Motorik liegt, können Sie selbsteinfädelnde Nadeln kaufen. Die sind wie Nadel und Einfädler in einem.

Ich habe mir in den Finger gestochen.

Das passiert. Wenn man oft stickt oder mit einem dicken Stoff arbeitet, schützt ein Fingerhut. Wenn Sie müde, abgelenkt oder in Zeitnot sind, hören Sie auf! Wenn ich einmal mit etwas angefangen habe, will ich nicht mehr aufhören, aber nach ein paar spätabendlichen Fehlern höre ich bei den ersten Anzeichen von Müdigkeit auf, weil meine Hand-Augen-Koordination dann nachlässt und auch meine Entscheidungsfähigkeit. Inzwischen achte ich darauf, hellwach und entspannt zu sein (meist mit einer Tasse Tee), bevor ich sticke.

Meine Stiche sind schief.

Üben! Manchmal zweifle ich hinterher an meiner Stickerei, aber dann denke ich daran, dass mehr oft besser ist: Je mehr Stiche, umso weniger fallen die Fehler auf, und sie verleihen dem Kleidungsstück etwas Besonderes. Bevor Sie alles auftrennen, warten Sie einen Moment und schauen Sie, wie die Stiche in einer größeren Menge wirken.

Mein Faden ist verheddert.

Den Faden entfernen und noch mal anfangen. Der Faden sollte nicht länger als Ihr Unterarm sein, und versuchen Sie es mal mit Fadenwachs, bevor Sie ihn einfädeln.

Meine Nadel steckt fest und kommt nicht mehr aus dem Stoff.

Probieren Sie, die Nadel mit einem Fingerhut durchzustechen oder mit einer Spitzzange herauszuziehen.

Meine Stiche sind uneben und liegen nicht flach.

Üben Sie eine gleichmäßige Fadenspannung, die Stiche sollten straff, aber nicht zu gespannt sein. Ein Stickrahmen oder Stickvlies (bei elastischen Stoffen) können bei der Spannung helfen. Wenn die Stiche zu dick sind, probieren Sie einen dünneren Faden oder weniger Fäden Sticktwist.

Ich habe versehentlich mein Hosenbein zugenäht.

Ha ha, willkommen im Klub! Das passiert sogar erfahrenen Stickern manchmal – meistens, wenn sie müde, abgelenkt oder in Eile sind. Ich stecke gern ein Buch oder ein Stück Pappe zwischen die Stofflagen, damit mir das nicht passiert.

PRO TIPPS

- Mit einer gleichmäßigen Stichlänge und Fadenspannung sieht's am besten aus. Wenn Sie es schwierig finden, gleichmäßige Stiche hinzukriegen, üben Sie weiter!
- Schwierige Teile wie enge Jeansbeine, Fingerhandschuhe, Schuhe und Möbel lassen sich einfacher flicken, wenn man die Nadel nur außen einsetzt. Dafür sticht man gleichzeitig ein und aus, dann muss man die Nadel nicht von der anderen Seite holen (oder das Möbelstück auseinandernehmen).
- Für extra Ökopunkte kann man die Fadenreste sammeln und damit ein anderes Projekt, wie Kissen, Kuscheltiere, Tür- und Zugluftstopper stopfen.

TECHNIK:

Stoffflicken

Nach dem Sticken und Handnähen ist es Zeit für den nächsten Schritt, Stoffflicken. Hier wird ein neues Stück Stoff aufgenäht, um den alten zu verstärken, zu stabilisieren, etwas zu verdecken und/oder zu schmücken. Es ist eine tolle Möglichkeit, Stoffreste anderer Projekte oder Kleidungsstücke, die nicht mehr zu flicken sind, zu nutzen.

Die Stoffflicken zuzuschneiden gehört zu den eher einfachen Techniken und kann recht schnell gehen. Ich mache gern mehrere Flicken auf einmal, wenn ich schon mal alles Zubehör herausgelegt habe und hebe die nicht sofort gebrauchten für zukünftiges Flicken auf. Sie sind nützlich, wenn es schnell gehen muss oder ich im örtlichen Reparaturcafé bin.

Flicken aufzunähen ist eine Quilt- und eine Flicktechnik, und es gibt unzählige Arten, sie zu applizieren. Ich stelle hier die Methoden vor, die ich nutze oder zu denen ich am häufigsten gefragt werde. Mischen Sie die Methoden ruhig untereinander, so wie's gerade passt.

MADE IN
QUILT -N- SEW RULER
Sew Easy
DESIGNED IN AUSTRALIA
Bostik
Glu Stik
35g
CLEAR GLUE

WAS MAN BRAUCHT

DAS WESENTLICHE

Kleidungsstücke, die geheilt werden müssen. Flicken näht man am einfachsten auf Webstoffe, die nicht elastisch sind, aber man kann sie mit der Aufbügelmethode oder umgekehrter Applikation auch auf Stretchstoffe aufbringen

Stoff für die Flicken. Man kann aus fast allem Flicken machen: alten Jeans, Socken, Unterwäsche (siehe Large Marge, S. 185), Kissenbezüge, eingelaufenen Pullis und sogar Leder und Spitze. Am besten wird es, wenn Stoffdicke, -struktur, -dehnbarkeit und -zusammensetzung von Flicken und Kleidungsstück übereinstimmen (z.B. Leinen auf Leinen, Denim auf Canvas oder Denim, Wollfilz auf Wolle, Seide auf Seide und Baumwolljersey auf T-Shirts), aber spielen Sie mit Kontrastfarben und Mustern. Mit Ripsbändern kann man Rippen flicken und mit Schrägband Ränder.

Nähnadel und Faden, um den Stoffflicken festzunähen (siehe Sticken, S. 29).

Bügeleisen für faltenfreien Stoff. Sollten Sie keins besitzen, kann man einige der hier gezeigten Flicken auch mit etwas Fingerdruck herstellen (wussten Sie, dass Ihre Finger Minibügeleisen sind?), aber ich würde empfehlen, für beste Ergebnisse ein Bügeleisen auszuleihen.

Etwas, um den Flicken am Kleidungsstück zu befestigen, entweder kurzfristig oder dauerhaft:

- **Zusammenbleiben … für immer:**
  - Für Aufbügelflicken braucht man doppelseitiges Bügelvlies (z.B. Vliesofix). Siehe Anmerkung zu Bügelvlies (S. 54) für Details.
  - **Bügeleinlage** ist ähnlich wie Vliesofix, aber nur auf einer Seite klebend und eignet sich am besten für Flicken auf der linken Seite, wo man sie nicht sieht.
- **Zusammenbleiben … im Moment:**
  - **Steck- und Sicherheitsnadeln** sind praktisch. Bei großen Projekten ziehe ich Sicherheitsnadeln vor, sie schützen meine Finger besser.
  - **Heften** siehe S. 38) hält den Stoff mit lockeren Stichen zusammen.
  - Ein einfacher **Klebestift** ist eine clevere Lösung, die beim Waschen verschwindet (aber zur Sicherheit nicht allzu viel Klebstoff auftragen).

EXTRAS

Pappe für Schablonen.

Ein Essstäbchen, um die Finger beim Bügeln zu schützen.

Nähhilfen: **Einfädler, Fingerhut und Bienenwachs.**

HINTEN

VORNE

LOS GEHT'S

1. Teatime! Die Stoffflicken sind schnell gemacht (das Annähen dauert am längsten): wählen Sie Tasse oder Kanne, je nachdem, wie viele Stiche nötig sind (ein gesäumter Flicken verdient eine Teekanne).

2. Das Kleidungsstück und den Flicken glattbügeln.

3. Den Flicken mit einer der folgenden Methoden anbringen.

Anmerkungen zum Bügelvlies

Bügelvlies wie Vliesofix ist ein auf beiden Seiten mit Klebstoff beschichtetes Vlies. Es gibt unterschiedliche Arten und Marken – am besten immer der Anleitung auf dem Päckchen folgen.

Flicker*innen scheinen es entweder zu lieben oder zu hassen. Ich liste hier ein paar Anmerkungen auf, zur besseren Entscheidungsfindung

PROS:

- Man kann perfekte, präzise Flickenformen zuschneiden, z.B. Herzen, Buchstaben, Kreise – was bei anderen Techniken schwierig ist.
- Es ist halt- und waschbar.
- Es spart Zeit, was entscheidend dafür sein kann, ob etwas geflickt wird oder nicht.
- Es reduziert das Ausfransen bei ungesäumten Flicken.
- Dadurch rollt sich Baumwolljersey (T-Shirt-Stoff) nicht und lässt sich einfacher nähen.

KONTRA:

- Der Klebstoff ist nicht biologisch abbaubar.
- Der Klebstoff lässt sich nicht mehr entfernen.
- Das Schutzpapier, das dazu gehört, ist nicht recycelbar. Wenn keines mitgeliefert wird, muss man das Backpapier aus der Küche nehmen, damit das Vlies nicht am Bügeleisen klebt. Ein Bogen kann aber mehrfach verwendet werden.
- Es kann ein Kleidungsstück steifer machen (auf eine dünne Variante achten, wenn das wichtig ist).
- Es funktioniert nicht auf Wolle oder flauschigen Stoffen

Benutzen Sie Bügelvlies ruhig, wenn es Sie motiviert, mehr zu flicken oder Ihnen hilft, ein bestimmtes Ergebnis zu erzielen (wie schwierige Formen). Benutzen Sie es einfach bewusst und schneiden Sie zur Müllvermeidung möglichst ohne Reste (wie bei Tetris). Man kann Bügelvliesreste (wie beim Patchwork) auf einer Flickenrückseite zusammensetzen, beim Bügeln schmelzen sie zusammen und die Trennlinien sind nicht mehr zu sehen.

METHODE: EINFACHER BÜGELFLICKEN (UNVERSÄUMT)

1

SICHERHEITSWARNUNG: Schalten Sie beim Bügeln den Dampf aus und gehen Sie mit den Fingern nicht zu nah heran, um sich nicht zu verbrennen.

Der selbstgemachte Aufbügelflicken, oder die unversäumte Applikation, ist meine Lieblingsart, T-Shirts zu flicken. Ich empfehle diese Methode nicht bei zarten Stoffen (die leicht ausfransen) oder kräftigen Stoffen wie Denim, die zu steif würden. Bei T-Shirts (die nicht ausfransen) kann man das Bügelvlies weglassen, wenn man es nicht mag, aber dann muss man beim Feststecken und Nähen besonders aufpassen, damit nichts Wellen schlägt.

1. Wer mag: Eine Form auf das Schutzpapier des Bügelvlies zeichnen. Versuchen Sie, die Formen so nah aneinander und zum Rand zu zeichnen wie möglich, um Müll zu vermeiden.

2. Das Schutzpapier ohne Zeichnung vom Bügelvlies abziehen (die Zeichnung brauchen Sie im nächsten Schritt).

→

2

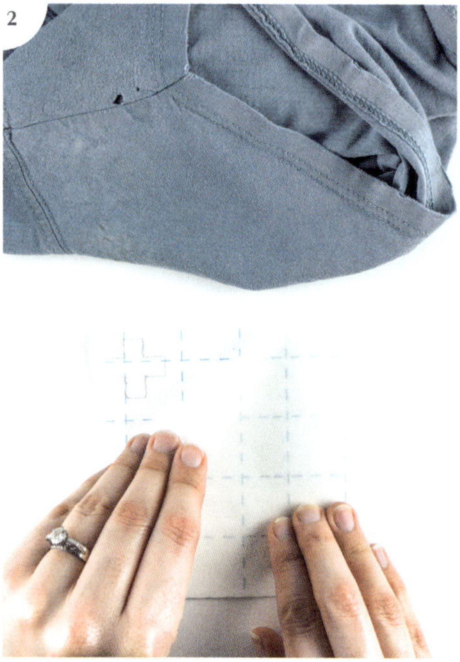

4

←

3. Die linke Seite – die auf dem Kleidungsstück liegen wird – eines Stoffstücks aufs Bügelvlies legen, so dass die Form komplett bedeckt ist.

4. Durch das Bügelvlies, den Stoff und das Schutzpapier schneiden. Wichtig: Wenn man den Stoff erst schneidet, wenn er auf dem Bügelvlies klebt, erhält man eine präzisere Form und das Ausfransen wird vermieden. Eine scharfe Schere verwenden, aber nicht Ihre beste Stoffschere, weil das Bügelvlies sie stumpf und/oder klebrig machen könnte.

5

6

5. Das Schutzpapier entfernen und die klebende Seite des Flickens wie einen Sticker auf das Kleidungsstück kleben.

6. Den Flicken ein paar Sekunden lang auf der heißesten Einstellung, die der Stoff verträgt, bügeln (bei Kunstfaser oder empfindlichen Stoffen eine schützende Stofflage dazwischen legen). Nicht direkt auf das Bügelvlies bügeln, sonst entstehen schwer zu entfernende Klebereste auf dem Bügeleisen. Wenn Sie ein großes Loch flicken, legen Sie das Schutzpapier (oder Backpapier) darunter, um Ihr Bügeleisen zu schützen, oder in das Kleidungsstück, wenn Sie ein Hosenbein oder einen Ärmel flicken (Abb.), damit nichts zusammenklebt. →

Nachher

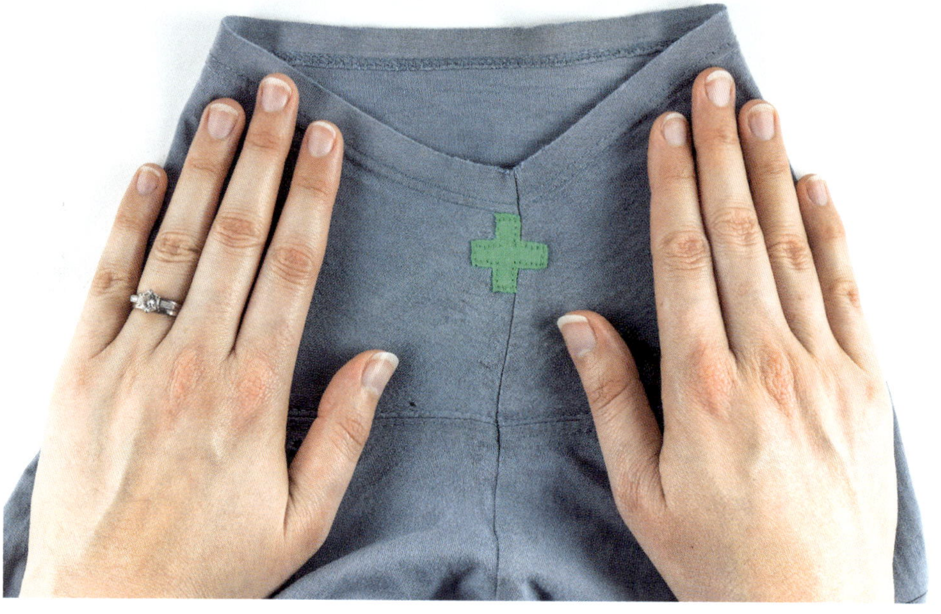

←

7. Ca. 2–3mm vom Flickenrand entfernt durch beide Stofflagen nähen. Bei T-Shirts nutze ich den Steppstich, weil der etwas elastisch ist. Manchmal steht auf dem Bügelvlies, dass man nicht nähen muss, aber wenn man etwas Elastisches oder stark Beanspruchtes flickt, verhindert die Naht, dass sich der Flicken am Rand löst.

METHODE: APPLIKATION / PUNK EPP

SICHERHEITSWARNUNG: Vergessen Sie nicht, den Dampf am Bügeleisen auszuschalten, wenn Sie die Flickenränder bügeln. Man kann ein Essstäbchen benutzen, um sich nicht die Finger zu verbrennen.

Bei dieser Applikation werden die Flickenränder umgeschlagen, damit sie nicht ausfransen, dann wird alles auf der rechten Stoffseite aufgenäht. Diese Methode ist für empfindliche Stoffe geeignet, ebenso für starkbeanspruchte Kleider.

Bei der Quilttechnik namens English Paper Piecing (EPP) werden geometrische Formen mit Papierschablonen zugeschnitten und die Ränder mit Stichen geformt. Die einzelnen Formen werden von Hand zu einem Patchwork zusammengenäht. Das hier ist meine Punkversion von EPP, ich benutze ein Bügeleisen und Pappe (im Internet gibt es Druckvorlagen für Achtecke). Pappe ist fester als Papier und kann gebügelt und oft wiederverwendet werden. Hier zeige ich, wie man ein Achteck macht, aber ein viereckiger Flicken – mit oder ohne Schablone – ist einfacher, die Schritte zum Befestigen und Annähen sind dieselben.

Soll der Flicken von beiden Seiten gutaussehen, probieren Sie's stattdessen mit dem gesäumten Flicken. →

1

←

1. Schneiden Sie Ihren Flickenstoff in die gewünschte Form, rundherum mit einer Nahtzugabe von 1cm, die später umgeschlagen wird. Schneiden Sie für ein Achteck ein etwas größeres Achteck zu (am besten bei dickem Stoff, damit nichts bauscht) oder seien Sie faul wie ich und schneiden Sie einfach ein Quadrat (Abb.). Echte Quilter haben eine viel kleinere Nahtzugabe, aber sie folgen ja auch nicht meiner Punk EPP Methode – durch die zusätzliche Nahtzugabe ist diese Methode schneller, einfacher und sicherer für Ihre Finger.

2a

2b

2c

2d

2. Mit der Schablone als Richtlinie die Flickenränder nacheinander umbügeln, s. Abb. Das Essstäbchen schützt Ihre Finger. Sie können jede Kante vorher mit den Fingern vorknicken, um es leichter zu machen (ohne Schablone die Ränder mit dem Bügeleisen überall gleichmäßig umklappen). Wenn alle Ränder eingeschlagen sind, den Flicken umdrehen und von der anderen Seite glattbügeln.

→

3a

3b

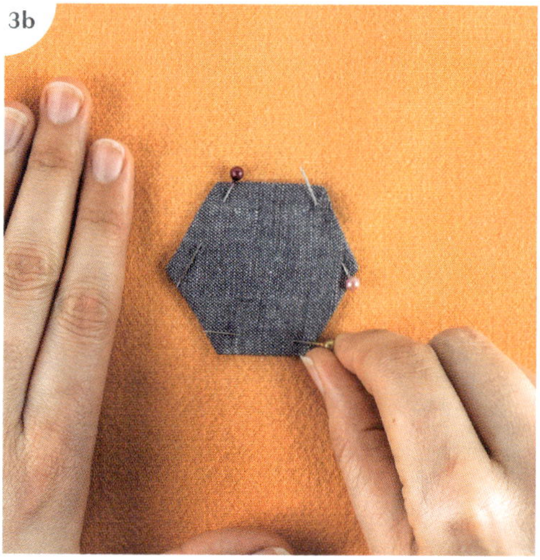

4

Nachher

←

3. Die Schablone entfernen und den Flicken feststecken, -kleben oder -heften.

4. Durch beide Stofflagen nähen, den Rand mit Überwendlingsstich, Vorstich, Langettenstich, Steppstich oder Kettenstich. Auch kurzer Vorstich oder Vorstichlinien im Flicken sind möglich

5. Stecknadeln oder Heftfaden entfernen.

METHODE: UMGEKEHRTE APPLIKATION

2

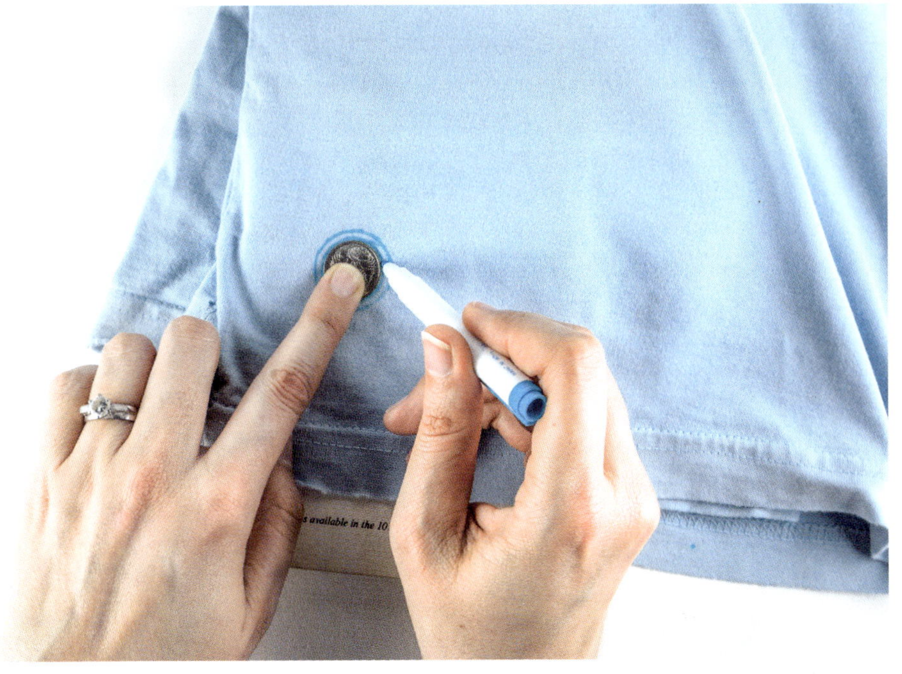

Diese Methode funktioniert am besten bei T-Shirts, Wollfilzdecken und anderen Teilen, die nicht ausfransen, wenn man sie schneidet. Wenn Sie etwas flicken, das ausfranst (die meisten Teile), klappen Sie die Lochränder um und nähen Sie sie überwendlich fest, oder machen Sie direkt mit der Luxusvariante, dem versäumten Flicken, weiter, bei der alle Ränder versäumt sind. Sie können hier auch Bügelvlies verwenden, schneiden Sie ein Fenster ins Bügelvlies bevor Sie es aufbügeln (ohne Fenster wird die Mitte mit Kleberesten verschmutzt).

1. Schneiden Sie ein Stoffstück aus, das viel größer ist als die defekte Stelle (es wird noch zugeschnitten).

2. Markieren Sie eine äußere Naht- und eine innere Schnittlinie mit 2–3mm Abstand. (Ich habe hier zwei unterschiedliche Münzen benutzt, um es zu vereinfachen.) Dieser Schritt ist nicht zwingend, aber verhindert, dass man versehentlich zu viel Stoff wegschneidet, so dass der letzte Schritt weniger einschüchternd ist.

→

4

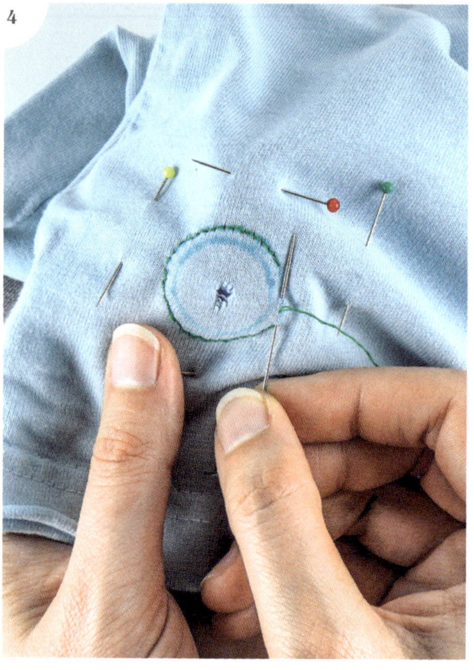

5

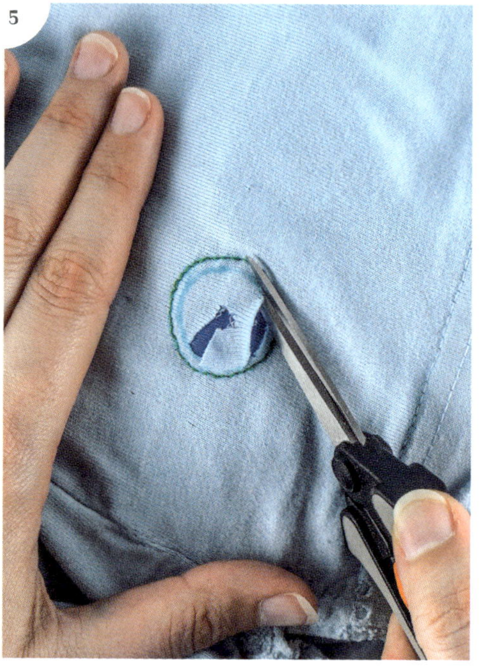

←

3. Den Flicken unter der kaputten Stelle mittig ausrichten und am Rand feststecken, -reihen oder -kleben. (Wenn Sie einen Klebestift oder Bügelvlies benutzen, achten Sie darauf, nur die Ränder zu kleben und nicht die Mitte, wo später der Stoff weggeschnitten wird, damit dort kein Klebstoff haften bleibt.)

4. Von Hand oder mit der Maschine entlang der äußeren Linien durch beide Stoffschichten nähen. Bei T-Shirts nutze ich gern den Steppstich, weil der robust und elastisch ist.

5. Die kaputte Stelle an der inneren Linie schneiden, so dass ein Fenster entsteht.

6

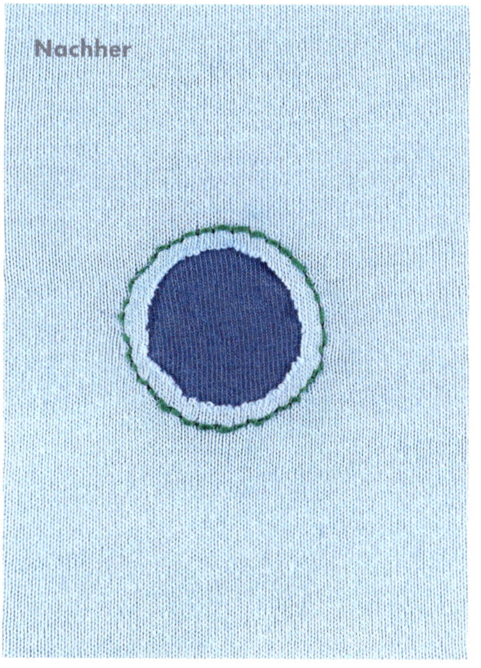

6. Das Kleidungsstück auf links wenden und den überstehenden Flickenstoff bis auf 2–3mm oder mehr abschneiden. Das Kleidungsstück auf rechts wenden, Markierungen entfernen und alles mit einem Dampfbügeleisen ein paar Sekunden glattbügeln.

METHODE: GESÄUMTER FLICKEN

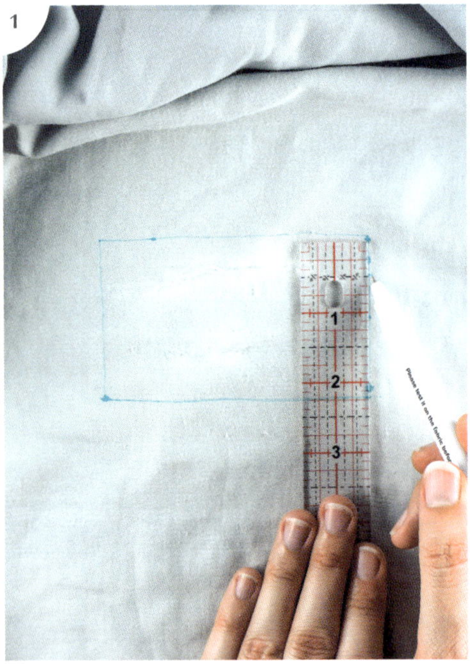

Das ist eine traditionelle Flickmethode für oft gewaschene Webstoffe. Sie ist robust und sieht von beiden Seiten toll aus. Als ich das zum ersten Mal versucht habe, war ich so frustriert, dass ich nie wieder so einen Flicken nähen wollte. Doch bei einem Flickworkshop von Tom Van Deijnen habe ich nützliche Tipps gelernt und jetzt liebe ich diese Methode. Klassische Flickbücher erklären sie anhand von zwei oder drei Illustrationen, setzen aber Näherfahrung voraus. Ich zeigen Sie Ihnen in kleineren Schritten, um es klarer zu machen, und damit Sie gesäumte Flicken schneller lieben lernen als ich.

1. Wer mag: Ein Viereck um die kaputte Stelle markieren. Das ist die Schnittlinie.

2. Die kaputte Stelle vorsichtig mit einer Schere entfernen, so dass ein Fenster entsteht.

3. Jede Ecke im 45° Winkel gleichmäßig einschneiden (hier 7 mm weit).

4. Stoffmarker entfernen. Die Nahtzugaben umschlagen (hier 5mm) und flach bügeln.

3

4

5a

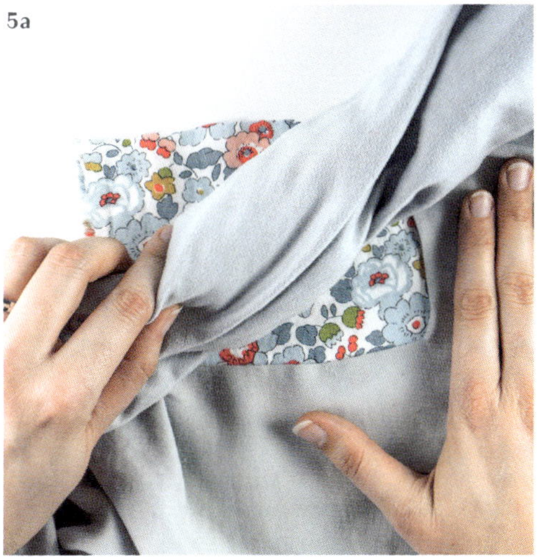

5b

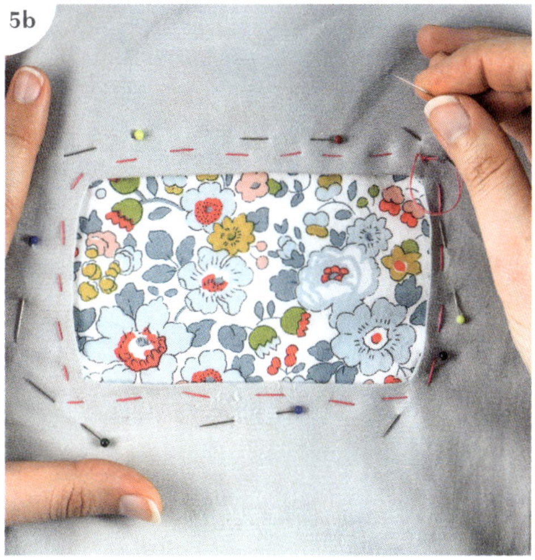

5. Legen Sie den Flicken (rechte Seite oben) mittig unter das gerade entstandene Fenster und stecken und/oder heften Sie ihn am Rand fest. Bei festem Stoff genügen Stecknadeln, aber dieses Laken ist so weich und rutschig, dass ich den Flicken für saubere Ränder vorher geheftet habe. (Ich habe Tana Lawn Stoff von Liberty benutzt, weil er weich und dünn ist, genau wie das Laken, und er ist teuer, was dem Flicken aus Stoffresten etwas Luxuriöses verleiht.)

→

6

7

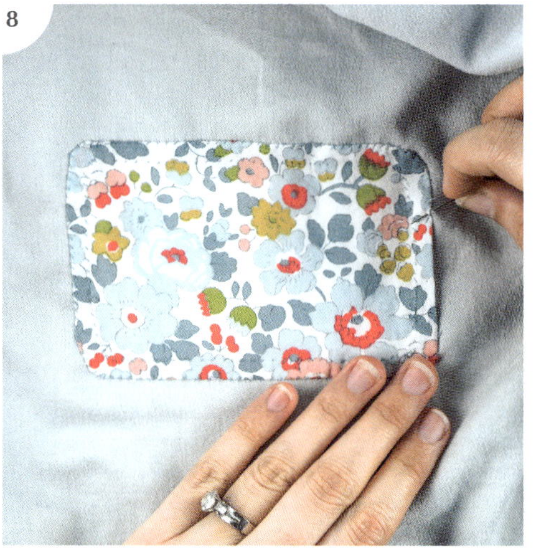

8

←

6. Rund um die Kanten des Fensters überwendlich nähen, an den Ecken etwas enger, damit sie nicht ausfransen.

7. Nadeln und Heftgarn entfernen und alles auf links wenden. Überstehenden Stoff abschneiden (ich habe 1 cm stehenlassen) und die Ecken kappen.

8. Die Ecken einklappen und überwendlich festnähen. Den fertigen Flicken ein paar Sekunden glattbügeln.

VORNE

HINTEN

Mein Flicken hat eine komische Form.

Probieren Sie es mal mit einer Pappschablone oder zeichnen Sie die gewünschte Form vor dem Schneiden mit einem Stoffmarker auf.

Mein Flicken ist uneben.

Stecken oder heften (oder beides) Sie den Flicken vor dem Annähen fest, damit er schön flach liegt. Das Feststecken mag nervig sein, zahlt sich am Ende aber immer aus. Auch Spannung ist für eine gute Naht nötig, damit man die Stiche nicht zu fest zieht. Probieren Sie bei Webstoffen einen Stickrahmen.

Mein Flicken ist zu sichtbar.

Versuchen Sie, ihn von der linken Seite aus zu befestigen, mit Bügelvlies und Stoff in derselben Farbe. Schwarze Anzughosen mit einem kleinen Loch können so fast unsichtbar geflickt werden.

Ich habe mir in den Finger gestochen.

Das passiert. Wenn man mit einem dicken Stoff arbeitet, schützt ein Fingerhut, oder eine Spitzzange kann helfen, die Nadel zu führen. Wenn Sie müde, abgelenkt oder in Zeitnot sind, hören Sie auf! Wenn ich einmal mit etwas angefangen habe, will ich nicht mehr aufhören, aber nach ein paar spätabendlichen Fehlern, höre ich nun bei den ersten Anzeichen von Müdigkeit auf. Inzwischen achte ich darauf, hellwach und entspannt zu sein (meist mit einer Tasse Tee), bevor ich irgendwas sticke.

Ich habe mich an Stecknadeln gestochen.

Es hat ein paar Jahrzehnte gedauert, bis mir klar wurde, warum Sicherheitsnadeln so heißen! Sie sind der beste Freund beim Flicken.

Ich habe meinen Finger am Bügeleisen verbrannt.
Autsch! Halten Sie den Finger sofort unter fließendes, kaltes Wasser. Schalten Sie den Dampf das nächste Mal aus und benutzen Sie ein Essstäbchen, dann bleiben die Finger in sicherer Entfernung.

Mein Bügeleisen ist verklebt.
Nie direkt aufs Bügelvlies bügeln, sonst entsteht eine klebrige Masse, die schwer zu entfernen ist. Probieren Sie, über ein Stück Küchenkrepp zu bügeln, um den Klebstoff zu entfernen. Schneiden Sie ab jetzt Flicken und Bügelvlies immer gleichzeitig zu, damit kein Vlies frei liegt.

Meine Nadel steckt im Stoff fest.

Probieren Sie, die Nadel mit einem Fingerhut durchzustechen oder mit einer Spitzzange herauszuziehen.

FLICKEREIEN

- Aus Leder und Spitze kann man lustige Flicken machen. Leder ist eine gute, extra robuste Lösung (z.B. für Ellbogen und Letas Kleid Nr.2, S. 201), und Spitzenflicken verbergen Flecken und Löcher auf dünnem Strick, der schwer zu stopfen ist. Nehmen Sie Spitze mit Motiven, die man ausschneiden kann (aber keine, die aufgehen kann), und für extra Ökopunkte benutzen Sie Lederverschnitt.
- Selbstgemachte Aufbügelflicken aus Stickerei und Bügelvlies: Besticken Sie ein oder zwei Stofflagen, dann hinten mit Bügelvlies eine weitere Stofflage befestigen, die Ränder versäubern und den neuen Flicken aufnähen.

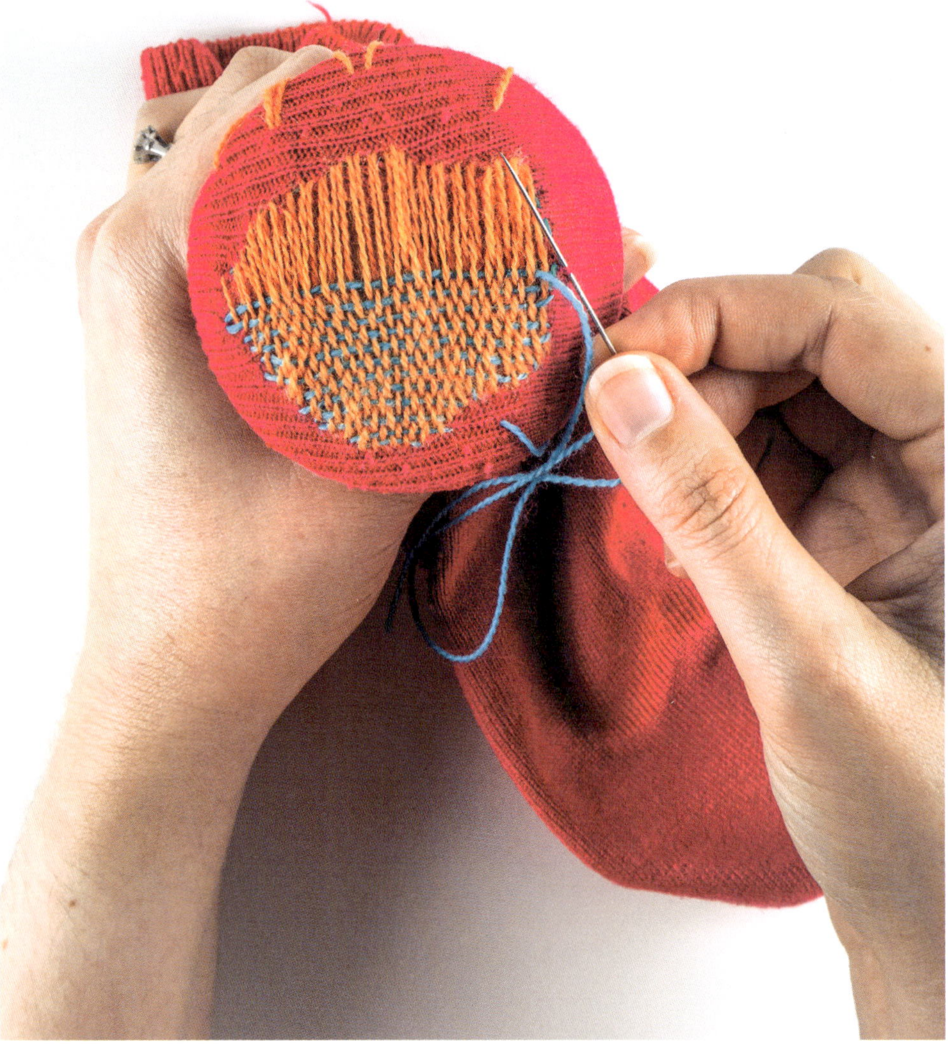

TECHNIK:

Stopfen

Stopfen bedeutet, ein winziges Stück Stoff mit Faden oder Garn zu weben. Manche finde es beim ersten Mal ziemlich schwer. Man stellt neuen Stoff (!) her, und da kann das Gehirn schon mal fragen: „Moment mal, wie geht das denn?" Doch machen Sie einfach weiter, denn es ist eine der nützlichsten Techniken überhaupt.

Nicht aufgeben, falls der erste Versuch nicht so aussieht, wie erhofft. Genau wie der erste Pfannkuchen wird wohl auch das erste Stopfen ein bisschen uneben sein, aber Sie haben dabei etwas gelernt und beim zweiten Mal wird es schon viel besser aussehen. Man braucht nur ein bisschen Übung.

Wie das Sticken ist auch das Stopfen eine langsame, repetitive Arbeit, die Konzentration verlangt, aber es ist toll, um in den Flow zu kommen und dadurch zu entspannen. Und wie auch beim Sticken braucht man kaum Werkzeug, es ist also wirklich etwas, was man auch unterwegs erledigen kann (meine Schülerin Kat hat Fremden im Bus das Stopfen beigebracht!).

Noch was: Beim Stopfen gibt es keine Knoten. Alle Fadenenden werden am Schluss vernäht, damit Socken oder Handschuhe glatt sind und nichts drückt.

APPLETON BROS. LTD LONDON
APPLETON BROS. LTD LONDON 522
APPLETONS WOOL LTD
DMC
LAINE ST PIERRE
Fabrication française
SCANFIL
Mending wool - Stopfwolle
Laine à repriser
Mend it
Limited Edition
Upcycled Yarn

WAS MAN BRAUCHT

DAS WESENTLICHE

Kleidungsstücke, die geheilt werden müssen. Klassisches und freies Stopfen funktionieren auf Web- und Strickstoffen, Maschenstopfen nur bei Strickstoffen.

Garn zum Stopfen. Am besten passt man die Stärke, Struktur (flauschig, glänzend) und Zusammensetzung an das Kleidungsstück an. Bei unsichtbarem Flicken ist die Farbe entscheidend.

- Stopfwolle ist meist eine Mischung aus Wolle und Polyacryl, für die Haltbarkeit, und in kleinen Mengen zu kaufen.
- Strickgarn gibt es überall und ist super bei handgestrickten Sachen. Manche Garne kann man gut teilen, andere nicht.
- Sockenwolle ist extra zum Sockenstricken gemacht und besteht meist aus Wolle und Polyacryl. Bunte Sockenwolle ist witzig, weil die Farben sich beim Arbeiten ändern.
- Stickwolle ist perfekt fürs Stopfen, aber manchmal schwer zu finden.
- Gobelinwolle ist dicker und gut für dicke, handgestrickte Sachen.
- Sticktwist besteht aus sechs Fäden und glänzt etwas. Man kann auswählen, mit wie vielen Fäden man arbeitet. Er teilt sich leicht, was das Stopfen etwas schwieriger macht. Mit Bienenwachs kann man die Fäden zusammenkleben.
- Gobelinbaumwolle ist matt und nicht teilbar. Damit kann man dicke Baumwollsachen wie Socken stopfen, wenn man keinen Glanz möchte.
- Ersatzfäden werden bei manchen Kleidern mitgeliefert. Sie sind perfekt fürs Stopfen – dafür sind sie schließlich gedacht!

Nadeln passend zum Garn und zum Stoff. Lange Sticknadeln eignen sich gut für Webstoffe und stumpfe Stopfnadeln für Handgestricktes. Ideal ist es, wenn die Nadel länger als die kaputte Stelle ist, dann kann man eine ganze Reihe Stiche auf einmal aufnehmen.

EXTRAS

Scheren um die Fäden zu schneiden (Strickwolle kann man auch abreißen, die zerfransten Enden sind eher unsichtbar).

Stopfhilfen wie Stopfpilze, Orangen und Stickrahmen helfen, die Form des Kleidungsstücks zu erhalten. Papier (fest geheftet) ist eine gute Variante bei empfindlichen Stoffen und größeren Reparaturen.

Bienen- oder Fadenwachs, um Baumwollfaden zu glätten, der sich leicht teilt.

Ein Einfädler macht das Einfädeln leichter, bei dickeren Garnen einen Stick- oder Gobelineinfädler ausprobieren

HINTEN

VORNE

LOS GEHT'S

2

1. Kochen Sie eine Kanne Tee. Stopfen ist eine langsame, meditative Tätigkeit. Es ist schön, im Flow zu bleiben und nicht aufstehen zu müssen, um eine neue Tasse zu kochen.

2. Wer mag: Lose Fäden abschneiden und das Loch sauber zuschneiden. Wenn es um eine fadenscheinige, aber noch nicht löchrige Stelle geht (bei Socken bleibt oft nur die Kunstfaser übrig), diese Fäden stehen lassen, sie sind wie ein Rahmen und machen das Stopfen schneller und einfacher.

3. Fürs klassische Stopfen das Stück auf links wenden. Beim freien Stopfen und Maschenstich auf der rechten Seite arbeiten.

4. Wer mag: Das Stück über einem Stopfpilz, einer Orange, in einem Stickrahmen spannen oder mit Papier sichern. Der Stoff sollte flach (oder gebogen, bei einer Socke o. ä.) liegen, ohne gedehnt zu werden.

5. Einen einzelnen Faden, der ungefähr so lang wie Ihr Unterarm ist, einfädeln, nicht verknoten. Wer mag: Baumwollfäden für ein leichteres Arbeiten wachsen.

METHODE: KLASSISCHES STOPFEN

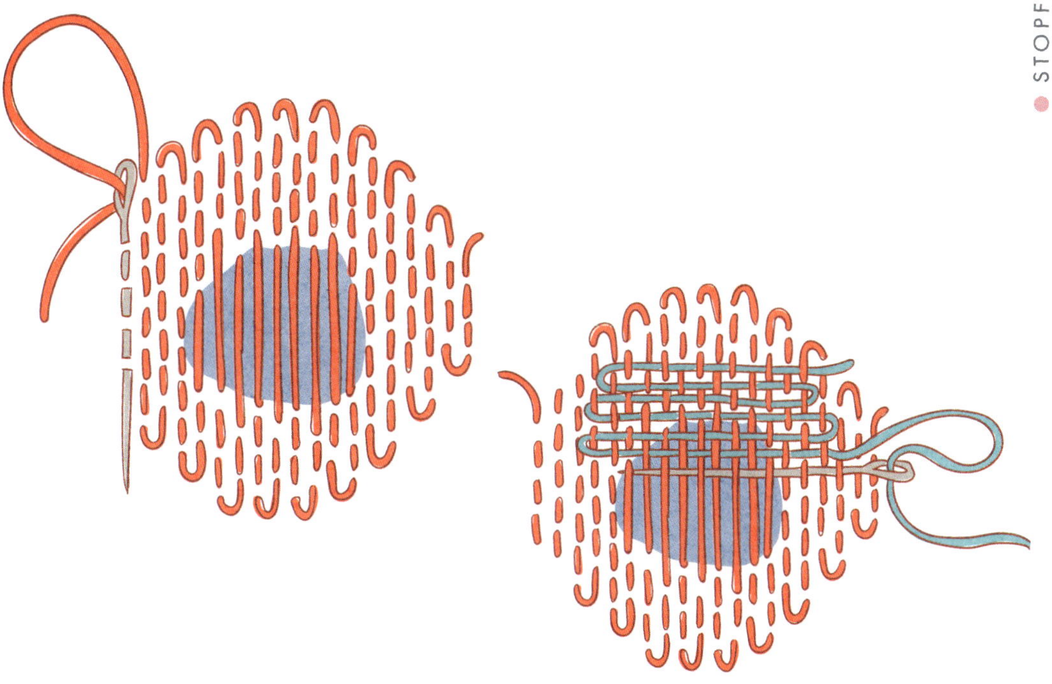

Wenn Sie nur eine Stopfmethode lernen wollen, dann diese! Sie ist robust und vielseitig, funktioniert bei Strick- und Webstoffen.

Ganz wichtig beim klassischen Stopfen sind winzige Schlaufen am Ende jeder Runde. Sollte etwas beim Waschen einlaufen, spannt es so nicht.

Diese Methode wird traditionell auf der linken Seite gearbeitet (mit passendem Faden, damit es unsichtbar wird), beim Tragen sind diese Schlaufen also nicht zu sehen.

Es ist nicht schlimm, wenn die Fäden etwas unordentlich liegen, solange sie direkt über dem Loch regelmäßig sind, denn diese Stelle sieht man von der rechten Seite und bei Socken werden so nackte Zehen verhindert.

Das klassische Stopfen ist nicht so elastisch wie Strickstoff. Wenn Elastizität wichtig ist, den zweiten Arbeitsgang schräg stopfen (siehe Einmaleins des Stoffs, S. 27) oder alles als Maschen stopfen.

→

METHODE: KLASSISCHES STOPFEN

1

ERSTER SCHRITT

1. Beginnen Sie in einer Ecke mit einer vertikalen Reihe Vorstiche, mindestens 1cm vom Loch entfernt, lassen Sie ein Fadenende hängen. Folgen Sie der Form des Lochs und dem Fadenlauf des Stoffs (siehe Einmaleins des Stoffs, S. 27); bei Strickstoffen kann man durch die Schlaufe jeder zweiten linken Masche stechen (Abb.); bei Webstoffen und/oder fadenscheinigen Stücken kann man die bestehenden Fäden als Richtlinie nehmen.

2. Jetzt in die entgegengesetzte Richtung neben der ersten Reihe Vorstiche arbeiten. Idealerweise sollten sich die Reihen lückenlos berühren, es sei denn, der Stoff ist sehr locker gewebt. (Auf der Zeichnung sieht man Reihenzwischenräume, aber Ihre sollten so eng wie möglich sein). Nadel und Faden fast ganz durchziehen, am Ende eine kleine Schlaufe stehen lassen. Der Faden sollte straff sein, nur die Schlaufe locker. Ich halte die Schlaufe zur Sicherheit fest, während ich mit der anderen Hand die Nadel durchziehe.

3

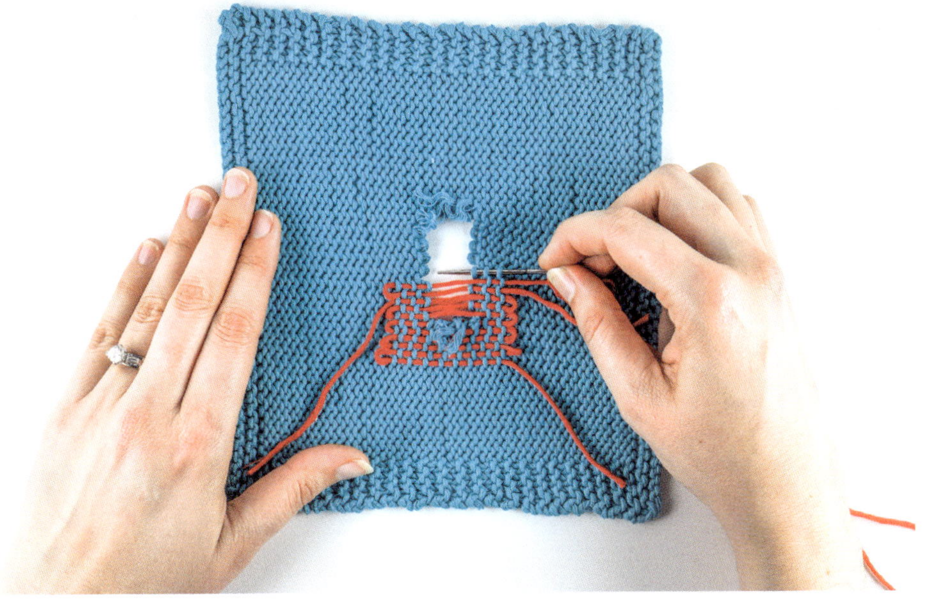

3. Weiter dicht an dicht nähen (auf der Abb. wurde das Strickstück um 90 Grad gedreht), bis man die gegenüberliegende Ecke oder Seite erreicht. Wenn der Faden ausgeht, ein Stückchen hängen lassen, das wird später vernäht. Dann an derselben Stelle mit einem neuen Faden weitermachen.

→

4

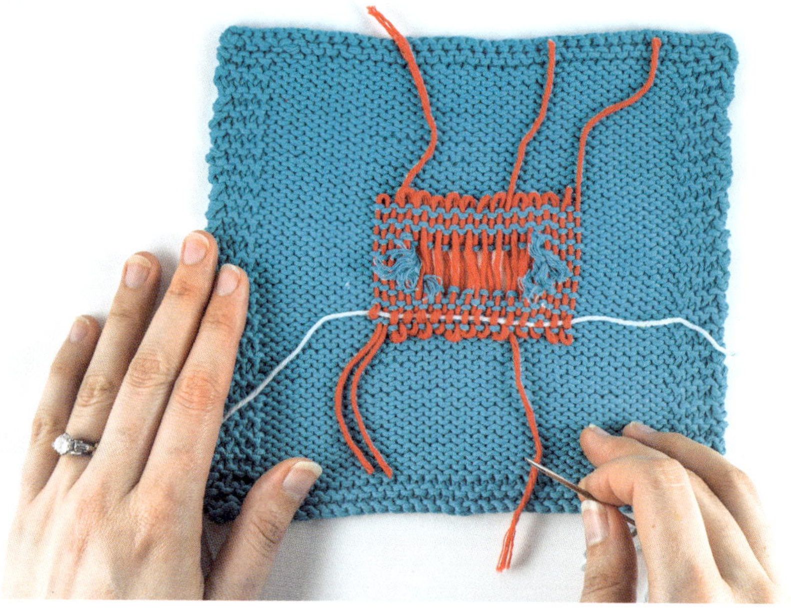

←

ZWEITER SCHRITT

4. Wenn gewünscht die Garnfarbe wechseln. Die Arbeit um 90°drehen und über und unter die Fäden gehen. Man muss damit nicht am Rand beginnen, sondern kann auch ein paar Reihen neben dem Loch beginnen und enden.

5

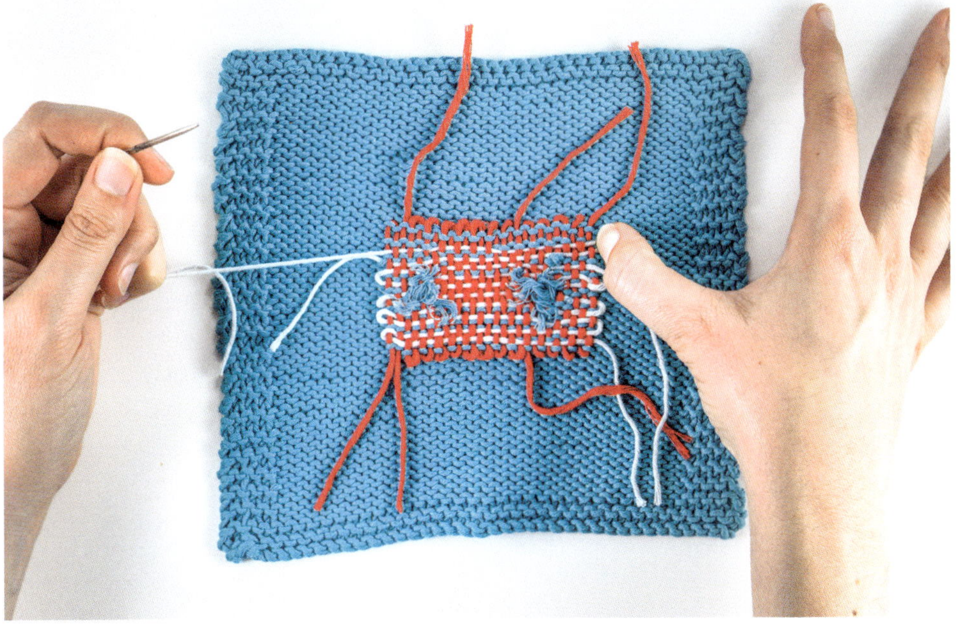

5. Weiter in jeder Reihe mit Nadel und Faden weben (drüber/drunter), bis die gegenüberliegende Ecke oder Kante erreicht ist.

→

METHODE: KLASSISCHES STOPFEN

6

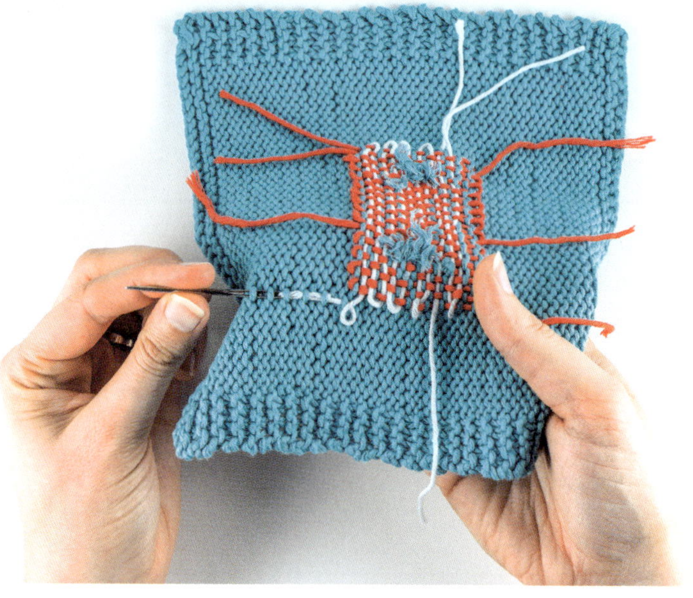

←

6. Am Schluss alle Fadenenden vernähen. Man kann mit ihnen neue Reihen weben oder den umgebenden Stoff verstärken. Wenn die Fäden durch ein paar Stiche vernäht wurden, abschneiden oder -reißen. Wenn gewünscht, mit einem Dampfbügeleisen bügeln, damit es glatter wird.

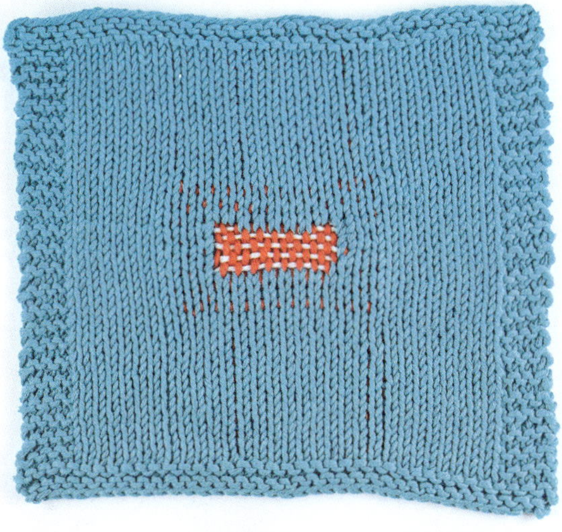

VORNE

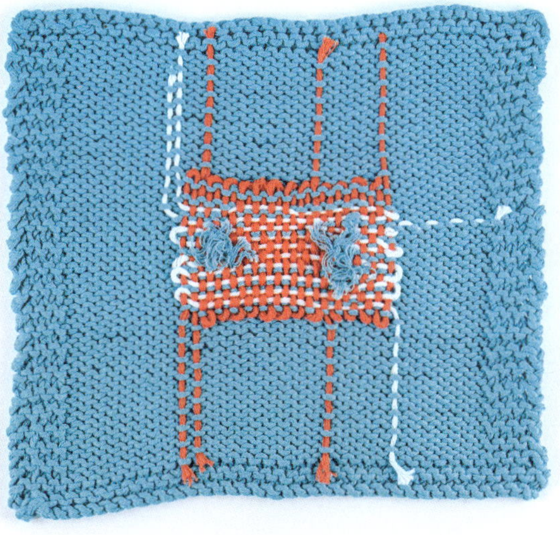

HINTEN

METHODE: STOPFEN EINES L-FÖRMIGEN LOCHS

2

3

Diese Methode funktioniert am besten bei glatten Rissen. Sind sie ausgefranst, zur Verstärkung von hinten Stoff ansetzen und dann stopfen oder einen gesäumten Flicken aufnähen (S. 68).

1. Den Stoff in einen Stickrahmen spannen (dabei nicht überdehnen), oder auf Papier heften, damit er glatt und flach liegt.

2. Den Riss mit dem Fliegenstich schließen (siehe Abb. S. 42), die Naht im robusten, unbeschädigten Stoff beginnen und enden, damit nicht noch mehr einreißt.

ERSTER SCHRITT

3. In Richtung der Ecke über den Riss stopfen, dabei weit darüber hinaus stopfen.

4

Nachher

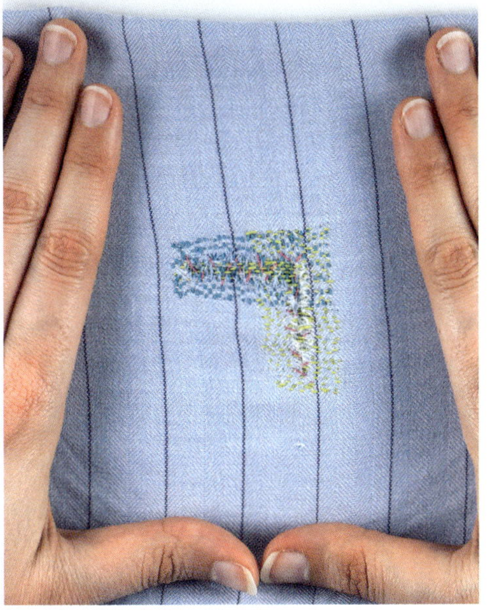

ZWEITER SCHRITT

4. Über den anderen Riss zur Ecke stopfen, über und unter die ersten Fäden, sobald man sie erreicht. (Hier bin ich ein zweites Mal komplett über die ersten Stiche gegangen, zur Stärkung, aber bei einem sauberen Riss ist das nicht nötig.)

5. Alle Fadenenden im Stoff vernähen und, wenn gewünscht, dampfbügeln.

METHODE: FREIES STOPFEN

1

Freies Stopfen ist dem klassischen ähnlich, bloß schweben die Stopffäden frei, ohne Stoff darunter. Das macht es etwas kniffliger (ohne den Stoff ist es schwieriger, die Fäden eng und gleichmäßig zu ziehen), nicht so robust und unattraktiv auf der linken Seite, wo der Schaden noch zu sehen ist. Gut daran ist, dass man auf der Vorderseite arbeitet, und alle Stiche sichtbar sind, man erkennt also deutlich, wie es am Ende aussehen wird und kann komplexere, interessantere Formen und Webmuster machen.

1. Bei einem großen Loch die Ränder mit Vorstich stabilisieren.

2

3

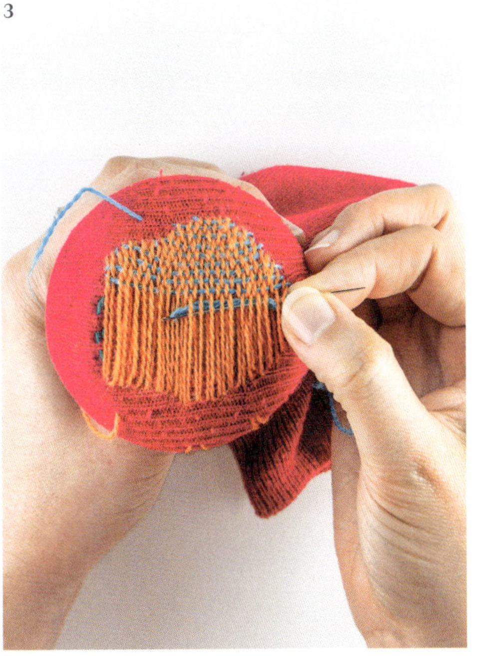

ERSTER SCHRITT

2. In einer Ecke beginnen und im engen Zickzack Fäden über das Loch oder die fadenscheinige Stelle ziehen, mit einem kleinen Stich an jeder Seite, bis die kaputte Stelle ganz bedeckt ist, Dabei rundherum ca. 1cm frei lassen. Bei einem länglichen Loch zuerst die schmale Seite stopfen, für mehr Stabilität. Wenn der Faden zu Ende geht, einfach hängen lassen, keinen Knoten machen. Dann mit dem neuen Faden an derselben Stelle weitermachen.

ZWEITER SCHRITT

3. Wenn gewünscht, eine neue Farbe dazu nehmen. Das Stück um 90° drehen und über und unter die gerade gezogenen Fäden weben, dabei weiter am Ende kurz in den Stoff einstechen.
Um die Spannfäden nicht zu teilen, mit dem stumpfen Öhr anstelle der Spitze vorn weben. Nach jeder Reihe kann man mit der Nadel die Reihen fester zusammenschieben, dann wird es besser.

→

METHODE: FREIES STOPFEN

4

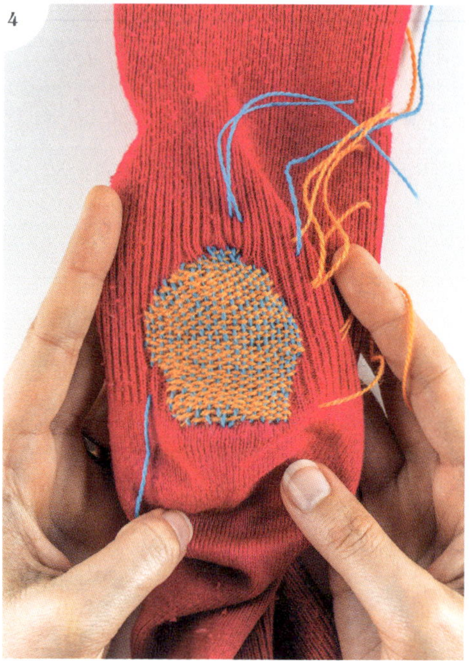

5

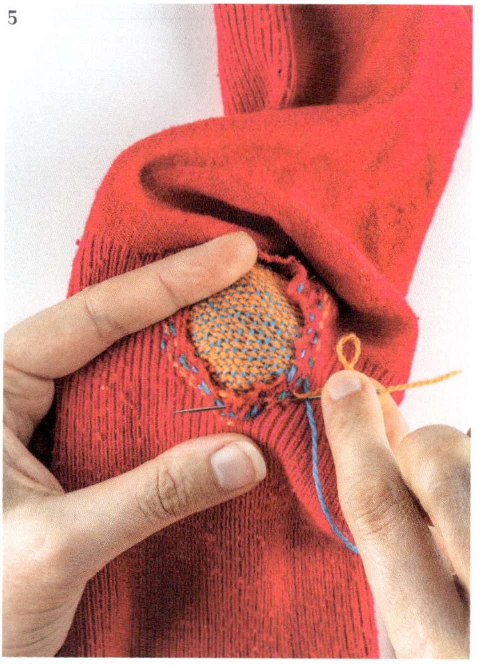

←

4. Weiter stopfen und weben bis, die gegenüberliegende Ecke oder Kante erreicht ist.

5. Auf links wenden und alle Fadenenden im umliegenden Stoff vernähen. Wenn die Enden lang sind, können Sie so diese Stoffstellen verstärken.

METHODE: MASCHENSTICH

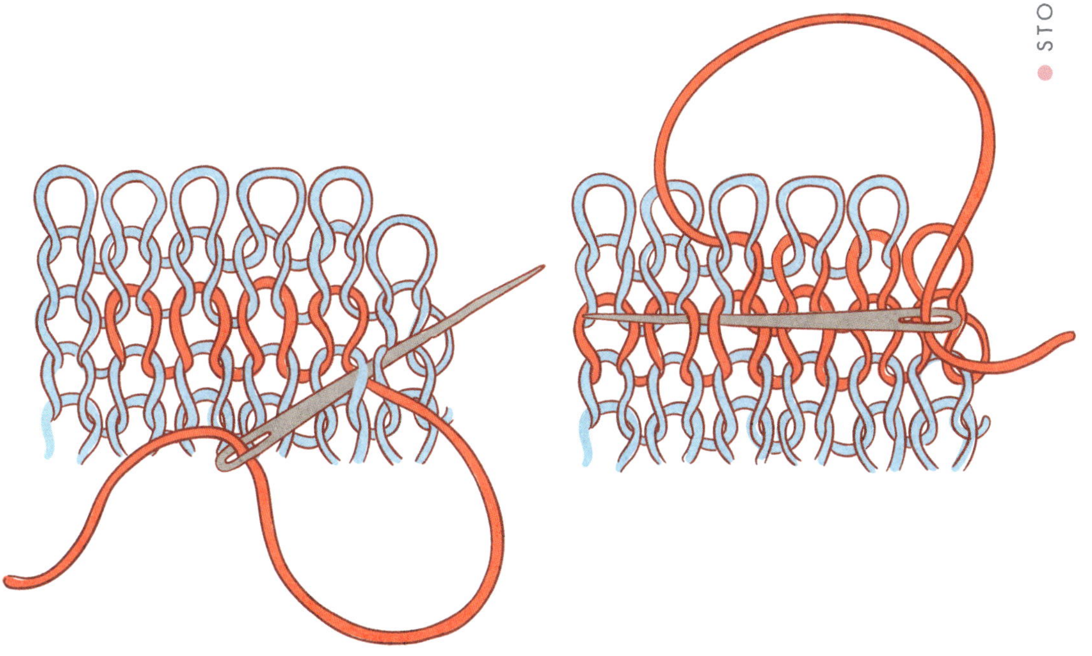

Mit dem Maschenstich kann fadenscheiniger Strickstoff verstärkt werden, bevor echte Löcher entstehen. Er folgt den rechten Maschen (die wie Vs aussehen), um neue Muster oder Farbblöcke zu bilden (ich habe als Beispiel ein Herz gemacht.)

Der Maschenstich kann unsichtbar sein, wenn man dieselbe (oder eine sehr ähnliche) Wolle benutzt. Er ist toll, um Socken und andere Stricksachen zu verstärken, aber nicht ideal, um Löcher zu schließen (siehe Maschenstopfen, S. 95).

Am besten an unbeschädigten Maschen beginnen und enden – mindestens eine Reihe über und unter und mindestens ein oder zwei Maschen rechts und links der fadenscheinigen Stelle.

Der Maschenstich kann bei Maschinengestricktem anstrengend für die Augen sein. Wenn ich blinzeln muss, um eine Masche zu erkennen, stopfe ich lieber klassisch oder frei, was weniger Präzision erfordert.

→

METHODE: MASCHENSTICH

←

1. Das Garn sichern: Die Nadel irgendwo unter dem Startpunkt einstechen. Unten in die erste Masche (V) einstechen und das Fadenende hängen lassen, es wird später vernäht.

2. Ein Stich: Die Nadel eine Reihe über dem Startpunkt einstechen, dabei die gesamte Höhe des Vs ausnutzen, damit eine ganze und keine halbe Masche entsteht. Oben hinter dem kompletten V ausstechen. Den Stich unten am V, wo er begonnen hat, beenden (Abb.).

3a

3b
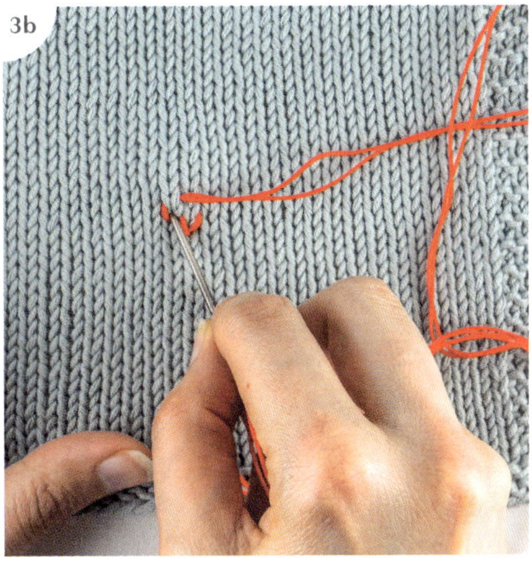

3c
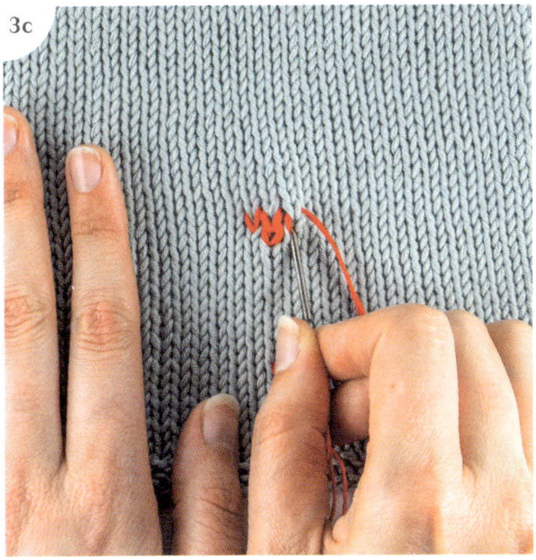

3d

3. Eine Reihe sticken. Da das hier ein Herz wird, besteht die erste Reihe nur aus einem Stich, bei einem Viereck oder einer anderen Form weiter sticken, bis die erste Reihe beendet ist.

Dann eine Reihe nach oben rücken und diese Reihe in die entgegengesetzte Richtung arbeiten.

→

METHODE: MASCHENSTICH

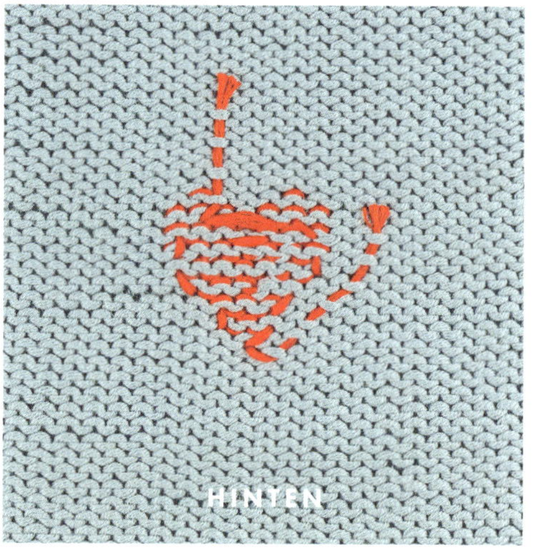

←

4. Weitersticken, bis das Muster vollständig ist.

5. Auf rechts wenden und alle Fäden vernähen, dafür durch jede zweite linke Masche stechen. Wenn gewünscht, dampfbügeln.

VARIATION: MASCHENSTOPFEN

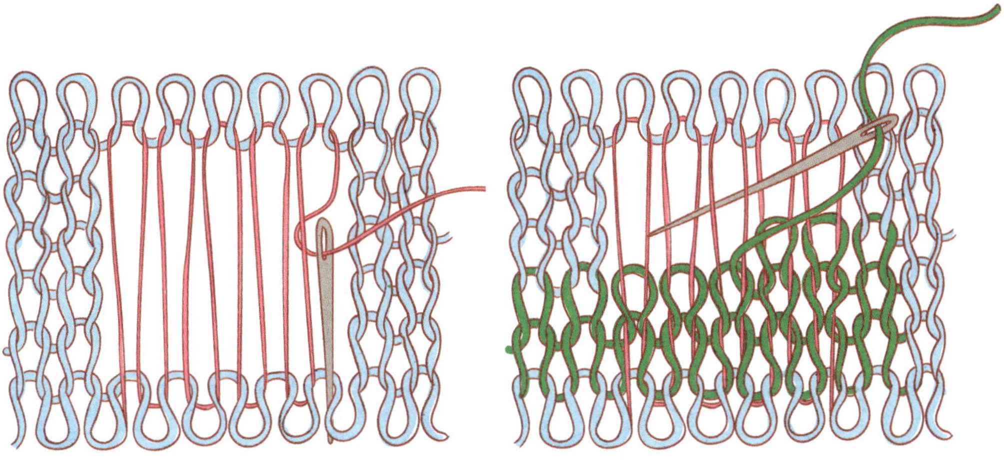

Der Maschenstich braucht ein intaktes Strickstück, dem man folgen kann. Bei einem Loch muss man zunächst mit Nähgarn eine provisorische Struktur einziehen. Anmerkung: Diese Methode ist nichts für Anfänger, die sollten ein Loch lieber klassisch stopfen.

1. Lose Fäden auf der linken Seite sichern (nicht abschneiden) und Laufmaschen beheben (siehe S. 140), damit das Loch rechteckig ist und mit einer gerade Reihe oben und unten beginnt. Maschenschlaufen evtl. mit einer Sicherheitsnadel sichern.

2. Wie gezeigt die unteren und oberen Maschen durch ein versetztes Fadennetz verbinden – ähnlich wie beim Leiterstich. Der Faden ist gespannt, aber nicht zu sehr, so dass alles flach liegt.

3. Die unterste Reihe im Maschenstich arbeiten, dabei mindestens eine Masche vor und nach dem Loch beginnen/enden. Die nächste Reihe in die entgegengesetzte Richtung arbeiten, dabei wie gezeigt dem Netz folgen und die originale Maschenspannung imitieren. In der letzten Reihe die neu entstandenen und alten Maschen verbinden, wie es am Anfang für das Netz gemacht wurde. Das Nähgarn entfernen, alle Fadenenden vernähen.

FLICKEREIEN

- Beim Stopfen kann man kleine Fadenreste aufbrauchen. Meine Schülerin Kyllie hat mit sechs Teebeutelfäden ein Loch in einem Geschirrtuch gestopft!
- Das hier gezeigte Drüber-Drunter-Webmuster nennt sich Panamabindung, aber man kann auch mit anderen Webmustern und Farbkombinationen experimentieren (beim freien Stopfen kann man ausgefallene Webmuster zeigen).
- Man muss nicht bei jeder Methode allen Schritten folgen – Sie können Elemente des klassischen und des freien Stopfens für das gewünschte Ergebnis kombinieren.

PRO TIPPS

- Wenn das Stopfen für Sie noch neu ist, und Sie unsichtbar stopfen möchten, üben Sie zunächst an einem Stoffrest mit Garn in einer Kontrastfarbe (oder zwei). So erkennt man leichter, was man macht und wohin der nächste Stich kommt. Wenn Sie es einmal raus haben, können Sie es mit unsichtbarem Flicken versuchen.
- Auch wenn Sie ausprobieren wollen, wie lange ein Faden reicht, wechseln Sie ihn nicht mitten in einer Reihe. Beginnen Sie einen neuen Faden immer am Rand und vernähen Sie die Enden später.
- Absolut gerade Kanten können den umgebenden Stoff noch empfänglicher für weitere Schäden machen. Ein runder oder welliger Umriss verteilt die mögliche Belastung besser.
- Bei Ärmeln kann man anstelle eines Stopfpilzes ein Schraubglas benutzen (Dank geht an meine Schülerin Geraldine für diesen Tipp).

Was kann schon schief gehen?

Das Gestopfte ist so uneben.

Schauen Sie genau hin, ist das Stopfgarn so dick wie das des Kleidungsstücks? Verwenden Sie zu dickes Garn, sieht das Geflickte steif und unregelmäßig aus. Versuchen Sie, das Garn zu teilen und mit nur einem Faden zu stopfen (falls das Garn robust genug ist und geteilt werden kann) oder nehmen Sie ein dünneres.

Das Gestopfte ist zu fest/zu locker.

Für beste Ergebnisse sollte der Stoff fest gespannt, aber nicht gedehnt sein, sonst riskiert man einen neuen Riss. Ein Stickrahmen kann helfen, aber bei einem großen Loch oder Riss überdehnt man den Stoff leicht. Dann wird das Gestopfte labberig, wenn man den Rahmen entfernt. Manchmal ist ein Stück Papier ein besserer Stabilisator, weil man damit nichts überdehnt. Die kleinen Schlaufen, die ich beim klassischen Stopfen empfehle, mögen überflüssig erscheinen, aber sie sind tatsächlich tolle Helfer: Sie gleichen das Einlaufen in der Waschmaschine aus und man kann sanft an ihnen ziehen, um das Gestopfte zu richten und es fester oder lockerer zu machen.

Ich kann durch das Gestopfte durchsehen.

Damit es richtig gut aussieht, müssen die Fäden so eng wie möglich gestopft werden, ohne Lücken. Man kann am Ende noch ein paar Fäden zusätzlich spannen, aber dann ist das Webmuster nicht mehr symmetrisch. (Bei dunklem Stoff fällt das aber nicht auf!)

Ich sehe nicht, wo ich webe.

Ganz ehrlich: Manchmal sieht man beim Stopfen nicht, was man tut, weil der Stoff flauschig, stark strukturiert und/oder dunkel ist. Machen Sie es einfach so gut wie es geht.

Mein Garn teilt sich und ich webe durch das Garn.

Besteht das Garn aus mehreren Fäden, webt man schnell mal durch den Faden anstatt darüber und darunter. Sticktwist teilt sich leicht, wenn er stark beansprucht wird, ihn mit Bienenwachs zu glätten kann helfen. Oder Sie versuchen, das Garn zu teilen und mit nur einem Faden zu arbeiten (wenn das Garn robust genug ist und geteilt werden kann). Oder verwenden Sie ein anderes Garn. Beim freien Stopfen lieber mit dem stumpfen Öhr voran weben anstatt mit der Spitze.

TECHNIK:

Nadelfilzen

Nadelfilzen, auch Trockenfilzen genannt, macht aus Wollfasern mit einer speziellen Nadel voller Widerhaken und Reibung Filz. Das Nadelfilzen wird meist eingesetzt, um dreidimensionale Objekte wie Spielzeug herzustellen, aber wir nutzen es zum Flicken und um Löcher zu füllen.

Wollfasern haben eine schuppenartige Oberfläche und diese Schuppen verhaken sich durch die Filznadel. Es ist ein bisschen wie Zauberei und eine großartige Technik für Anfänger, weil es leichter und schneller geht als Stopfen. In meinen Flickkursen lernen die Schüler aus einem wichtigen Grund das Stopfen vor dem Nadelfilzen: Würde ich ihnen das Nadelfilzen zuerst beibringen, würden sie nichts anderes mehr machen wollen!

Ich nenne es die Gute-Laune-Technik, weil es gleichzeitig spannend und entspannend ist. Es regt meine spaßige, kreative Seite an und ist angenehm repetitiv – perfekt für achtsames Flicken.

Danke Heleen Klopper von Woolfiller, die das großartige Potenzial dieser Technik fürs Flicken entdeckt hat.

COCONUT
TEA

WAS MAN BRAUCHT

DAS WESENTLICHE

Kleidung oder Decken, die geheilt werden müssen. Nadelfilzen klappt am besten bei Strickstücken aus Tierfasern – Wolle, Kaschmir, etc., aber experimentieren Sie ruhig. Es ist ideal für Kaschmir und dünne Wollsachen, bei denen Stopfen zu zeitaufwendig und knifflig wäre. Aber Stopfen ist robuster und die beste Methode für Socken und andere stark beanspruchte Dinge. Zu Handgestricktem passt optisch Stopfen besser, aber man kann auch hier Nadelfilzen.

Tisch oder feste Arbeitsunterlage; das hier ist nichts für den Schoß – die Nadeln sind spitz!

Filznadel(n), haben, anders als Nähnadeln, viele Widerhaken, durch welche die Wollfasern verfilzen. Nadelstärke 38 ist eine gute, vielseitige Größe.

Filzunterlage: Schaumstoff, Stechmatten oder ein Leinensack mit Reisfüllung sind ideal. Der Schaumstoff muss fest genug sein, um Nadel und Arbeitsfläche zu schützen. Man kann beim Polsterer nach Reststücken fragen, die sonst im Müll landen. Ein Stressball eignet sich für kleine Flächen (z.B. Ärmel), oder Sie schneiden Schaumstoff zurecht. (Das Kleidungsstück über eine zu große Schaumunterlage zu ziehen, funktioniert nicht gut.) Eine umweltfreundlichere Alternative ist ein Leinensack, der mit Reis gefüllt ist und an seinem Lebensende kompostiert wird. Extra Ökopunkte gibt's, wenn man einen leeren Kaffeesack verwendet!

Wollvlies ist fluffige, flauschige, kardierte (gekämmte), ungesponnene Schafschurwolle. Es ähnelt Zuckerwatte, heißt auch Märchenwolle und man bekommt es in unterschiedlichen Formen. Die meisten flauschigen Tierfasern kann man verwenden: Wolle, Alpaka, Kaschmir ... sogar fluffiges Katzenfell! Veganes Vlies – Acryl oder Pflanzenfasern wie Bambus oder Tencel – gibt es, aber selten. Man kann auch die Fusseln von Wolle oder Kaschmir sammeln (siehe Methode S. 110).

EXTRAS

Ausstechförmchen oder Stoffmarker für besondere Formen. Ausstechförmchen kann man als Schablonen für einfache Formen nehmen, aber sie verleiten auch dazu, zu viel Vlies zu benutzen. Ein wasserlöslicher Marker ist am genauesten, aber bei sehr dunklem oder strukturiertem Stoff wird das schwierig. Ich habe schon Schablonen aus Pappschachteln gemacht. Ich filze zunächst auf der Pappe und entferne sie für die Feinarbeit.

Fusselkamm, mit dem man Fasern fürs unsichtbare Flicken gewinnt.

HINTEN

VORNE

6a

SICHERHEITSWARNUNG: Seien Sie vorsichtig; Nadelfilzen macht so viel Spaß, dass man schnell unaufmerksam wird und sich sticht.

1. Eine Tasse Tee für die vollkommene Entspannung kochen. Nadelfilzen geht schnell, eine Tasse genügt!

2. Entscheiden Sie, auf welcher Seite gearbeitet wird (Vorder- oder Rückseite). Für klare Kanten vorn, für einen weicheren Look von innen nach außen.

3. Wählen Sie eine einfache Form, um das Loch zu verdecken. Punkte sind am einfachsten und toll bei mehreren Löchern, sehen allein oder als Paar aber etwas verloren aus. Ein Kreuz wirkt wie ein niedliches Erste-Hilfe-Symbol, und Herzen sind süß, wenn Sie etwas für eine Freundin flicken. Je weniger und stumpfere Ecken, umso einfacher ist die Form zu filzen.

4. Die Filzunterlage unter oder in das Kleidungsstück legen, direkt unter das Loch. Wer mag: Ein Ausstechförmchen als Orientierung über das Loch legen oder den Flicken aufzeichnen.

6b

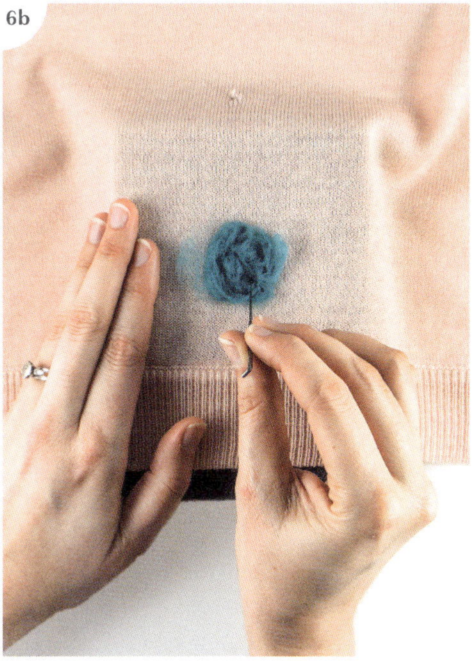

7

5. Legen Sie ein kleines Stück Wollvlies auf das Loch. Es sollte gerade genug sein, um das Loch ganz abzudecken mit einem Rand von ca. 5mm oder mehr. (Falls Sie eine Ausstechform benutzen, packen Sie sie nicht zu voll, sonst filzen Sie ewig. Man kann nach und nach Vlies dazunehmen.) Sie haben jetzt ein Filzsandwich: Filzunterlage unten, das Kleidungsstück in der Mitte, das Wollvlies oben (in einer Ausstechform, falls Sie eine benutzen).

6. Halten Sie die Nadel zwischen Daumen, Zeige- und Mittelfinger und stechen Sie durch alle Lagen, aber nur leicht in die Filzunterlage. Nadel anheben und von vorn, von der Mitte nach außen, bis das Loch ganz bedeckt ist.

7. Heben Sie das Kleidungsstück ab und zu von der Filzunterlage und legen es wieder hin. Ziehen Sie nur sanft, damit nichts beschädigt wird. Dabei kann man auch auf der Rückseite nachsehen, ob das Loch ganz bedeckt ist.

→

9a

9b

←

8. Wenn die Mitte richtig gefilzt ist, geht's an die Ränder. Einzelne Fasern werden zurück in die Mitte gelegt und eingestochen.

9. Wenn Sie wollen, nehmen Sie mehr Wolle dazu. Man kann den Flicken größer machen, wenn das Loch noch zu sehen ist, dünne Stellen ausbessern, an der Symmetrie arbeiten und Farben dazunehmen. Machen Sie weiter, bis der Flicken flach und ganz verfilzt ist. (Wenn Sie zu viel Vlies haben, wird er nie ganz flach sein, entweder Sie akzeptieren das oder entfernen ihn und beginnen von neuem.)

10. Wer mag: Für einen sauberen Look abstehende Fasern mit einer kleinen, scharfen Schere abschneiden und ein paar Sekunden dampfbügeln, damit der Flicken glatt und flach ist. Wer will, kann den Filz auch noch besticken (siehe Sticken, S. 29).

PRO TIPPS

- Kaufen Sie Wollvlies in Ihren Lieblingsfarben, man braucht nicht viel und hat ewig davon.
- Man kann Farben mischen, damit sie ganz genau zum Kleidungsstück passen.
- Mit zwei Nadeln gleichzeitig filzt man schneller.
- Für einen Profilook sollten die Flicken überall dieselbe Form und Größe haben (besonders Punkte), aber spielen Sie ruhig mit verschiedenen Farben.
- Bei einem großen Loch kann man zusätzliches Vlies von der Rückseite ansetzen, damit der Flicken nicht einsinkt. Immer mal wieder umdrehen und von beiden Seiten filzen.
- Kleidungsstücke mit Nadelfilz am besten von Hand waschen und flach im Liegen trocknen lassen, damit nichts einläuft.

FLICKEREIEN

Ich habe hier Wolle benutzt, weil sie überall in tollen Farben erhältlich und sofort zu verwenden ist. Aber andere Tierfasern funktionieren auch – Alpaka, Kaninchen, Langhaarkatzen oder -hunde –, solange die Fasern lang, flauschig und sauber sind. (Sanft waschen, damit sie nicht schon vorher verfilzen, und nur Haare bei der Fellpflege sammeln. Vegane Vliese sind auch erhältlich, aber schwerer zu finden. Ich hatten auch überraschenden Erfolg mit Acrylvlies.)

VARIATION: KREUZ

1a

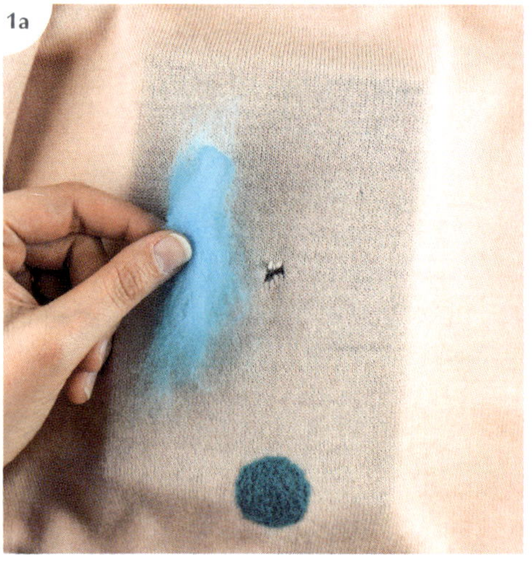

1b

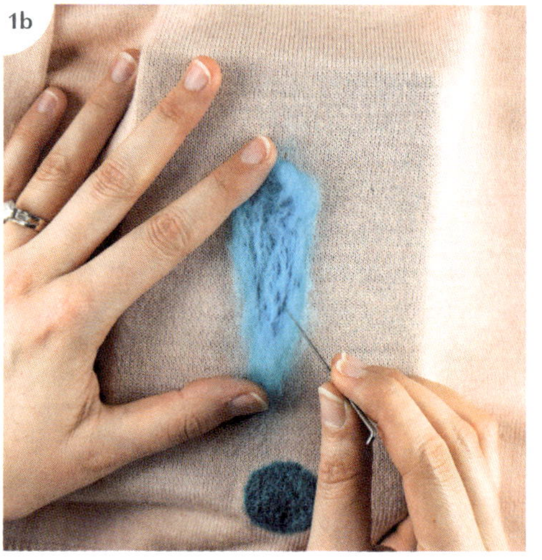

2a

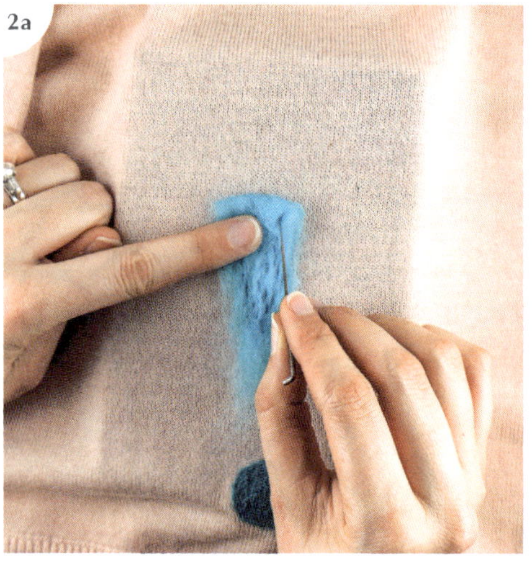

2b

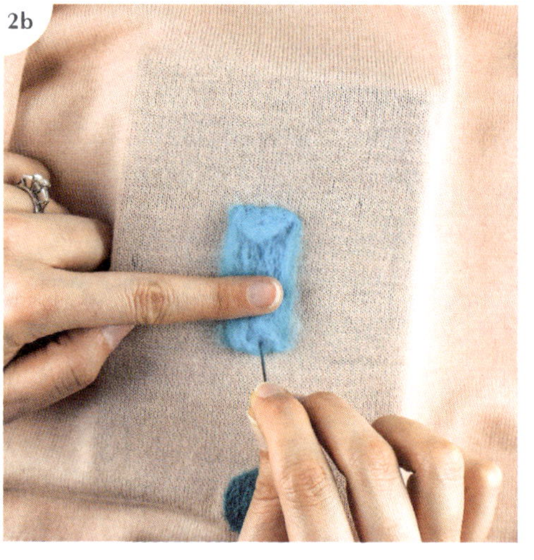

1. Filzen Sie ein langes, dünnes Stück Vlies über dem Loch, von der Mitte nach außen, bis es geformt, aber noch nicht ganz gefilzt ist.

2. Die beiden Enden zur Mitte falten und hineinstechen, damit saubere Kanten entstehen. Man kann sanft Fasern mit der Nadel herausziehen, um schöne Ecken zu bekommen.

3

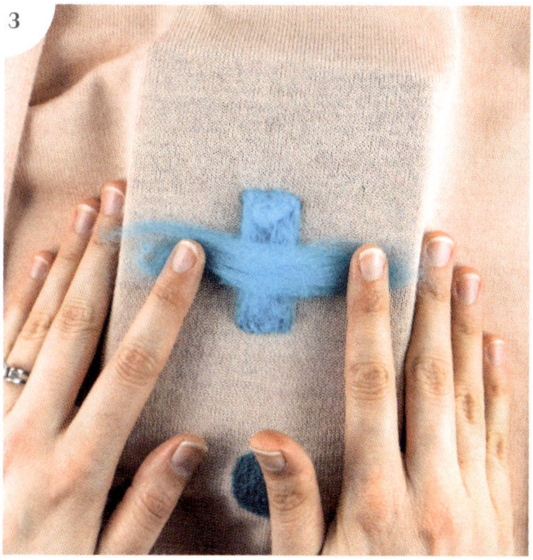

4

5

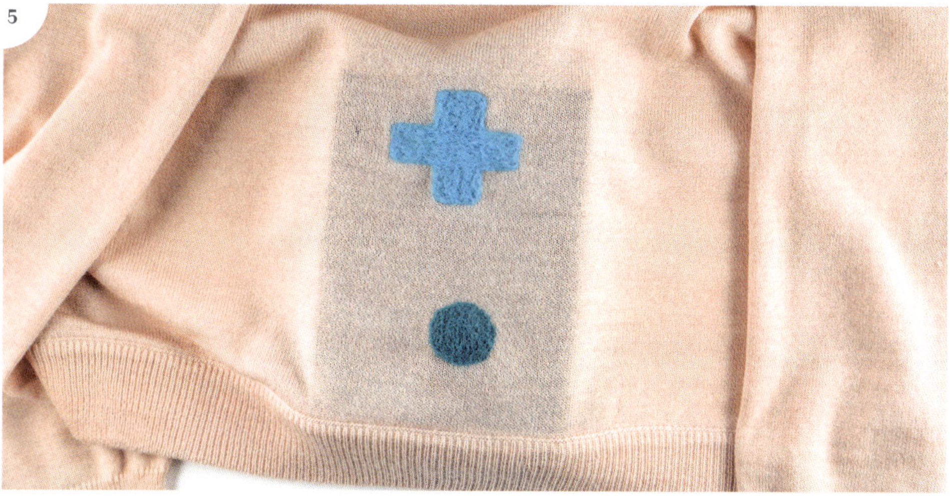

3. Bevor das erste Rechteck perfekt ist, legen Sie ein anderes, langes, dünnes Stück Wollvlies darüber und wiederholen Sie die Schritte 1 und 2. Wenn beide Rechtecke erst halb gefilzt sind, ist man flexibler, um das Kreuz symmetrisch zu machen (das Kniffligste hierbei).

4. Weiter filzen und Wolle ergänzen, bis Ihnen die Form gefällt und sie symmetrisch ist.

5. Weiter filzen, bis die Form flach und ganz verfilzt ist.

BONUSMETHODE: UNSICHTBARES FLICKEN MIT FUSSELN VOM KLEIDUNGSSTÜCK

1

2

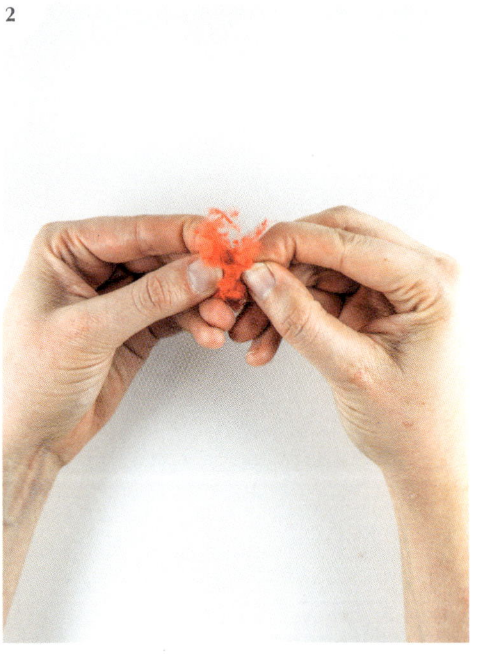

Diese Methode funktioniert am besten mit Kaschmir oder ganz weicher Wolle.

1. Mit einem Fusselkamm sanft Fusseln vom kaputten Kleidungsstück entfernen.

2. Knötchen mit den Fingernägeln auseinanderziehen, bis alles eine filzbare Wollvliesstruktur hat. (Die Knötchen sind auch gefilzt, wenn man diesen Schritt überspringt, sieht der Flicken mehr nach Popcorn als nach glattem Filz aus.)

3

4

5

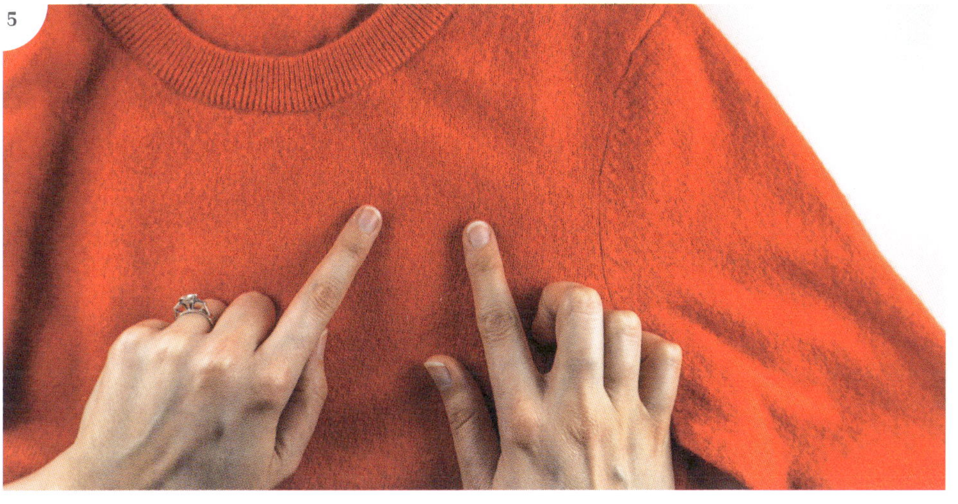

3. Damit es ganz unsichtbar ist, von innen nach außen arbeiten, die Filzunterlage unter das Loch legen und das Vlies dazu.

4. Ab und zu das Vlies von der rechten Seite in die andere Richtung bearbeiten.

5. Weitermachen, bis Ihnen das Ergebnis gefällt, und das Vlies flach und vollständig eingearbeitet ist.

BONUSMETHODE: VORFILZEN

1

3

1. Ein mittelgroßes Stück Vlies direkt auf die Filzunterlage legen.

2. Um das Vlies abzuflachen immer wieder hineinstechen.

3. Das Filzstück immer mal wieder wie einen Pfannkuchen umdrehen, damit es auf beiden Seiten gleichmäßig gefilzt wird.

4. Wenn der Flicken aufgenäht werden soll, weitermachen, bis er komplett verfilzt ist, an den dünnen Stellen Wolle ergänzen – er sollte, gegen das Licht gehalten, undurchsichtig sein. Wenn Sie nur halb filzen möchten, können Sie etwas früher aufhören und den Flicken beim Befestigen am Kleidungsstück zu Ende filzen.

4

6a

6b

5. Für das beste Ergebnis ein paar Sekunden unter Dampf plätten und glätten.

6. Die gewünschte Form ausschneiden, freihändig oder mit einer Münze oder Ausstechform als Schablone.

7. Den Flicken mit der Filz- oder einer Nähnadel auf dem kaputten Kleidungsstück befestigen.

Was kann schon schief-gehen?

Autsch! Ich habe mir in den Finger gestochen.

Das passiert. Machen Sie langsam und vorsichtig, wenn sich die Nadel ihren Fingern nähert.

Meine Nadel ist gebrochen.

Nadeln brechen aus allen möglichen Gründen, auch wegen zu viel Kraft, aber oft ist es ein Rätsel. Eine kaputte Nadel ist zu klein und spitz, um allein recycelt oder weggeworfen zu werden. Sie wollen doch nicht, dass sich die Müllsortierer stechen. Viele Näher*innen sammeln ihre kaputten Nadeln in einer alten Dose oder einem Glas, um es verschlossen wegzuwerfen. Wenn Sie oft Nadeln zerbrechen, ändern Sie Ihre Technik, wie Sie die Nadel halten oder wie schnell Sie arbeiten.

Mein Flicken ist zu dick.

Falls Sie eine Ausstechform verwenden, packen Sie diese nicht mit Vlies voll, sonst filzen Sie ewig. Man kann während des Filzens immer noch etwas dazugeben. Wenn die Form nicht weiterhilft, probieren Sie es mit einer Pappschablone aus einer Müslischachtel oder einer Visitenkarte. Eine flache Schablone führt nicht dazu, dass man zu viel Vlies nimmt. Oder Sie zeichnen die Form mit einem wasser- oder selbstlöslichen Stift auf, wenn das kaputte Kleidungsstück hell genug ist (siehe Kates Strickjacke, S. 191).

Ich sehe Löcher in meiner Wolle.

Das ist normal. Feinere Nadeln machen kleinere Löcher, aber das Filzen dauert länger. Löcher verschwinden normalerweise beim Dampfbügeln.

Das Vlies klebt nicht am Kleidungsstück.

Das passiert am ehesten, wenn das Vlies oder das Kleidungsstück aus Kunst – oder Pflanzenfasern (z.B.

Baumwolle) besteht, anstatt aus Tierfaser, aber manchmal passiert es mir auch bei Wolle. Kleidungsstücke aus „Superwaschwolle" haben keine filzbaren Schuppen mehr oder sie wurden extra bedeckt, damit die Wolle nicht beim Waschen eingeht. Glatte Fasern sind auch schwierig zu filzen, weil sich die Nadel nirgendwo festhalten kann. Allerdings lerne ich ständig und bin überrascht, wann diese Technik funktioniert oder eben nicht. Manchmal halte ich etwas für völlig unpassend fürs Nadelfilzen und rate ab, dann ignorieren meine Schüler mich und es klappt (zu den Überraschungserfolgen gehören eine Jeans, eine Damasttischdecke, Sportsachen und 100% Acrylfleece). Experimentieren Sie also, mal sehen, was geschieht! Wenn das Nadelfilzen direkt auf dem Kleidungsstück nicht funktioniert, kann man auch einen Flicken vorher filzen (siehe Bonusmethode für Details) und ihn dann mit Nadel und Faden aufnähen (siehe Erins T-Shirt, S. 179).

Mein Nadelfilzen ist nicht symmetrisch.

Nehmen Sie nach und nach ein bisschen Wolle dazu, bis die Form Ihnen gefällt. Manchmal hilft es, die Arbeitsgeschwindigkeit anzupassen. Ich steche eher langsam und vorsichtig in die Wolle, besonders an den Rändern, damit es auf jeden Fall so aussieht, wie ich es möchte. Wenn ich die Form dann abflache, steche ich schnell.

Mein Flicken hat einen dicken Rand.

Das nenne ich den „Pizzarand". Die Ränder sollten sich nicht bewegen und nicht anzuheben sein, sondern flach und ganz ins Kleidungsstück eingearbeitet sein. Für den perfekten Rand, ganz langsam und vorsichtig die Kanten filzen, manchmal im 45° Winkel, bis das Vlies ganz flach ist. Das Tempo dabei ist mehr wie ein Marsch, nicht wie Gehen oder Rennen – langsam, regelmäßig und bewusst.

SINGER

TECHNIK:

Maschinenstopfen

Sichtbares Flicken ist toll, außer wenn man auf gar keinen Fall die Aufmerksamkeit auf genau diese Stelle lenken möchte.

Die meisten Kleidungsstücke können gut von Hand geflickt werden, aber das hier ist die haltbarste und unsichtbarste Methode, um Jeans zu flicken. Und die Frage, die ich am häufigsten höre, ist: „HILFE! Wie flicke ich dieses Loch im Schritt/am Oberschenkel/Hintern meiner Jeans?"

Schneider, die professionell Jeans flicken, nutzen oft eine besondere Stopfmaschine, aber man kann auch mit einer normalen Nähmaschine gute Ergebnisse erzielen. Ich stelle hier zwei verschiedene Methoden vor:

- Freies Stopfen, dabei näht man frei in jede Richtung. Das ist sicherer, weil man den Stoff mit beiden Händen führen kann. Es ist anders als normales Nähen, es kann sein, dass man sich umgewöhnen muss, aber es macht auch richtig Spaß, wenn einem bewusst wird, was die Maschine alles kann. Nicht alle Nähmaschinen können frei nähen; siehe „Was man braucht" für Details.
- Nähstopfen funktioniert auf den meisten Nähmaschinen, ist aber kniffliger als das freie Stopfen, manchmal muss man den Stoff mit nur einer Hand durch die Maschine führen.

Ich ziehe die zweite Version vor, weil ich meine Nähmaschine gut kenne und oft zu faul bin, um die Einstellungen zu verändern. Wenn ich einmal in Stimmung dafür bin, möchte ich meinen Flickstapel schnell durcharbeiten. Meine Schüler mögen die erste Methode lieber, weil sie ungewöhnlich, spaßig und einfacher zu kontrollieren ist.

Falls Sie keine Erfahrung mit Nähmaschinen haben, aber das Flicken damit gern mal ausprobieren möchten, bitten Sie eine Freundin oder Verwandte, Ihnen erst eine Einführung zu geben oder besuchen Sie einen Nähkurs. Wenn Sie keinen Zugang zu einer Nähmaschine haben, können Sie immer auch von Hand stopfen und flicken.

Gütermann
ORGANIC COTTON
MADE IN E.U.
JEANS
Vulcan
Junior

WAS MAN BRAUCHT

DAS WESENTLICHE

Nähmaschinenerfahrung (ohne Abb.). Das ist nichts für blutige Anfänger! Das Maschinenstopfen ist Millionen Mal sicherer, einfacher und spaßiger, wenn Sie eine Nähmaschine benutzen können, umso mehr, wenn Sie die Maschine gut kennen. Meine Schüler sind von den Unterschieden zwischen ihrer und der Nähmaschine im Kurs immer wieder geschockt.

Hosen oder andere Kleidungsstücke mit Rissen, Löchern oder fadenscheinigen Stellen. Das Maschinenstopfen funktioniert am besten an festen Webstoffen wie Denim, Canvas, Baumwollköper und Leinen; es passt nicht zu empfindlichen oder Stretchstrickstoffen, aber mit Stretchdenim habe ich schon gute Erfahrungen gemacht (einfach darauf achten, beim Nähen nicht am Stoff zu ziehen oder ihn zu dehnen).

Nähmaschine:

- Für das freie Stopfen braucht man eine Maschine, bei der man den Transporteur versenken kann (diese Metallzähnchen, die den Stoff beim Nähen führen). An manchen Maschinen gibt es einen Hebel, mit dem man den Transporteur absenken kann, an meiner kann man ihn mit einer Platte abdecken. Schauen Sie in der Anleitung nach, wenn Sie sich nicht sicher sind.
  Und Sie brauchen einen Stopffuß (oder Stickfuß). Meinen habe ich extra gekauft, er gehörte nicht zur Maschine. Man kann auch ohne Stopffuß frei stopfen, aber das Risiko ist größer, die Nadel abzubrechen, Probleme mit der Spannung zu bekommen oder Ihre Finger im Weg vorzufinden(Aua!). Wenn Sie ohne Nähfuß Freihandstopfen, senken Sie den Nähfußhebel trotzdem, bevor Sie mit dem Nähen beginnen.
- Fast jede Nähmaschine eignet sich fürs Nähstopfen, wenn sie rückwärts nähen kann (antike und Industriemaschinen können das oft nicht). Wenn nicht, probieren Sie die Drehmethode (siehe S. 130) aus oder leihen Sie sich eine Maschine.

Nähgarn. Für die Nadel und die Spule braucht man ein Universalgarn und Garn, um Nähte neu zu nähen, die man eventuell öffnen muss. Für das beste Ergebnis sollte das Garn von guter Qualität sein. Es gibt zwei Geheimnisse des unsichtbaren Maschinenstopfens: mit dem Fadenlauf oder Webmuster des Stoffs zu nähen (siehe Einmaleins des Stoffs, S. 27) – je nachdem, was auffälliger ist –, und Garn in der Farbe des Kleidungsstückes zu wählen. Denim besteht normalerweise aus weißen Schuss- und dunklen Kettfäden, aber die unauffälligste Farbe (oder Farben) kann irgendwas dazwischen sein. →

WAS MAN BRAUCHT

←

Die geliebte Jeans hat viele Farbschattierungen. Wählen Sie die Farbe, die am besten zur kaputten Stelle passt.

- **Universal-Nähgarn** besteht aus Polyester, Baumwolle oder einer Mischung. Für unsichtbares Flicken sollte man eine Farbe wählen, die zum Kleidungsstück passt. Die Farbe des Unterfadens ist nicht so wichtig (wenn die Fadenspannung stimmt, ist er nicht zu sehen).
- **Stepp- oder Topstitch-Garn** ist dicker und gut für Ziernähte an Jeanstaschen, Seitennähten und Säumen. Zum Steppgarn muss als Unterfaden ein Universal-Nähgarn benutzt werden. Manche Maschinen haben bei Steppgarn Probleme mit der Fadenspannung. Einen ähnlichen Effekt kann man mit Universal-Nähgarn und einem dreifachen Gradstich (der so aussieht: |||) erzielen.

Nähmaschinennadel der richtigen Art und Stärke für den Stoff, z.B. eine Jeansnadel oder große Universalnadel (Stärke 90/14 oder 100/16) für Denim. Am besten nutzen Sie eine neue, spitze Nadel.

Stoffreste zum Probestopfen in ähnlicher Stärke und Art wie das kaputte Kleidungsstück.

Eine Schere, um Fäden oder Stoff abzuschneiden.

Wenn das Loch oder Riss groß genug ist, um einen Finger durchzustecken (und nicht bloß eine fadenscheinige, dünne Stelle), brauchen Sie noch ein paar Dinge:

- **Stoffreste** zur Verstärkung. Bei unsichtbarem Stopfen mit vielen Stichen (die alles etwas versteifen) eignet sich dünner, weicher Stoff am besten. Wenn das Kleidungsstück locker sitzt, oder Sie nur wenig flicken, funktionieren auch dickere Stoffreste.
- **Nähnadel und -garn,** um den Flicken an die Jeans zu heften. Maschinenstopfen wird oft an Stellen genutzt, die schwierig zu nähen sind; mit Heften spart man sich Steck- oder Sicherheitsnadeln. Ich hefte die Kanten des Flicken gern in einer Kontrastfarbe, die leicht zu sehen und entfernen ist. An den Rändern eines Lochs verwende ich farblich passendes Garn – falls die Heftstiche nach dem Stopfen schlecht zu entfernen sind, fallen sie wenigstens kaum auf.

EXTRAS

Nahttrenner, um Nähte zu öffnen oder Stopffehler aufzutrennen.

Stickrahmen. Beim Freihandstopfen dient der Stickrahmen als Lenkrad. Idealerweise sollte der Rahmen größer als die kaputte Stelle sein, 20cm ist eine gute Größe. Die meisten Stickrahmen sind zu dick für meine Maschine, deswegen benutze ich beim Maschinenstopfen einen dünneren Rahmen mit Spannfeder.

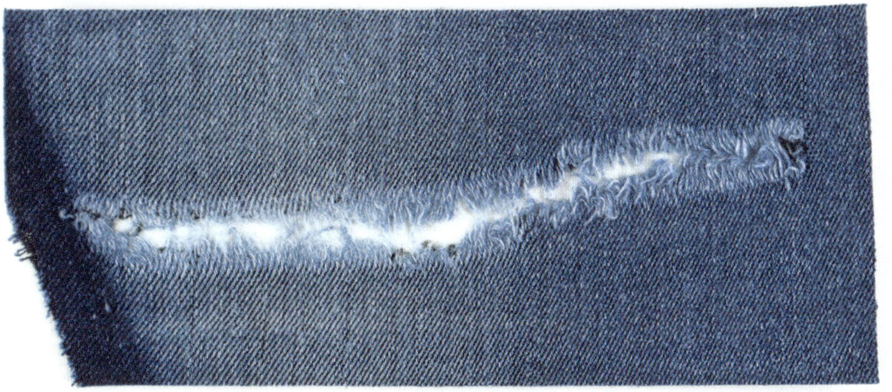

VORHER

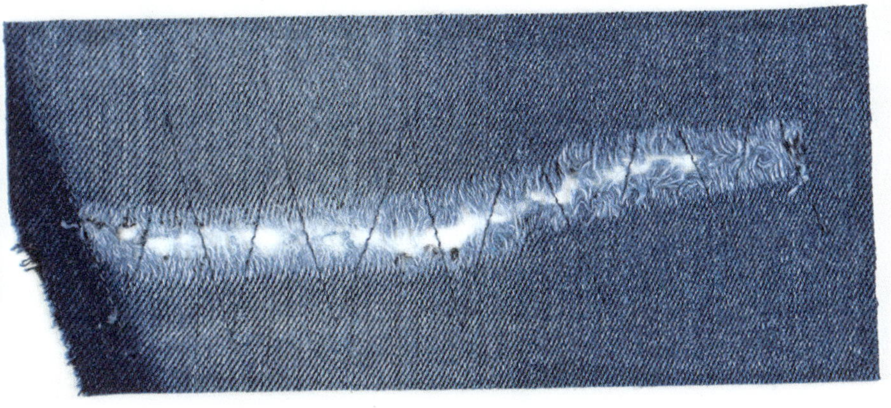

ERSTER DURCHGANG

SECHSTER DURCHGANG

2

3

1. Kochen Sie eine Tasse Tee. Wenn es Sie nervös macht, eine neue Technik auszuprobieren, kann eine Tasse Tee die Nerven beruhigen.

2. Alle lockeren Fäden rund um die beschädigte Stelle abschneiden, damit sie sich nicht in der Nähmaschine verfangen. (Vertrauen Sie mir hier einfach. Wenn Sie meinen Rat ignorieren und alles bleibt stecken, werde ich Ihre Hilferufe ignorieren!)

3. Wenn der Schaden neben oder unter einer Naht, Tasche oder Gürtelschlaufe liegt, am besten mit dem Nahttrenner die Nähte dort auftrennen, damit man besser herankommt (später schließt man sie dann wieder).

4b

4c

4. Bei einem großen Loch oder Riss, braucht man einen Flicken:
   - a. Schneiden Sie einen Stoffflicken zu, der viel größer als die kaputte Stelle ist (er wird später zugeschnitten).
   - b. Wenden Sie das Kleidungsstück auf links und heften Sie den Flicken am Rand fest. (Um nicht versehentlich die Hosenbeine zusammenzunähen, kann man ein Buch oder ein Stück Pappe hineinschieben.)
   - c. Wieder auf rechts wenden. An den Rändern großer Löcher oder Risse mit langen Stichen heften, damit sie sich nicht in der Nähmaschine verfangen.
   - d. Wenn Sie eine Naht an einem Element wie einer Tasche oder einer Gürtelschlaufe geöffnet haben, können sie das jetzt zurückklappen und festheften (provisorisch), damit es beim Stopfen nicht stört.

5. Stellen Sie den Tee beiseite, denn jetzt geht's an die Nähmaschine und elektrische Geräte vertragen sich nicht gut mit heißen Flüssigkeiten!

METHODE: FREIHANDSTOPFEN

4

SICHERHEITSWARNUNG: Damit Sie sich nicht in die Finger nähen, behalten Sie die Hände auf dem Stickrahmen, nicht auf dem Stoff und schalten Sie die Maschine aus, wenn Sie mit den Fingern an die Nadel müssen, z.B. um eingeklemmte Fäden zu entfernen.

1. Schalten Sie den Transporteur aus und setzen Sie den Stopffuß ein.

2. Heben Sie den Nähfuß an, fädeln Sie den Faden ein und legen sie Spule ein.

3. Wählen Sie Steppstich und Stichlänge Null (manche Maschinen tun das automatisch, sobald der Transporteur ausgeschaltet ist). Die Stichlänge wird davon bestimmt, wie Sie den Stoff bewegen (Magie!).

4. Testen Sie die Fadenspannung. Manche Maschinen stellen diese automatisch ein, sobald der Transporteur ausgeschaltet wurde. Wenn nicht, tun Sie es. Den Probestoff hinlegen und die Nähfußstange senken. Probieren Sie das Nähen (in alle Richtungen) aus, halten Sie an und entscheiden

Sie, ob die Naht zu fest, zu locker oder genau richtig ist. Die Teststiche sollten gleichmäßig sein, rechts und links gleich aussehen und keine Schlaufen oder Knoten haben. Das beste Ergebnis erzielt man, wenn man mit hoher Geschwindigkeit näht und gleichzeitig den Stoff sanft langsam bis mäßig schnell bewegt (diese langsamen Bewegungen wirken zunächst im Vergleich zum normalen Nähen komisch). Ich finde, je stärker ich den Stoff drücke und ziehe, umso mehr widersetzt er sich – langsam und stetig ist ideal! Normalerweise nutzt man beim Freihandstopfen eine niedrige Fadenspannung (1 oder 2), aber die ideale Spannung variiert je nach Stoff und Garn und wie man den Stoff bewegt. Wenn Sie die Fadenspannung ändern müssen, heben Sie den Fuß an und ändern Sie die Einstellung um eine Stelle, dann lassen Sie den Fuß herab und nähen weiter. Wenn nötig, wiederholen. Wenn Sie nicht sicher sind, wie man die Fadenspannung einstellt, schauen Sie in der Betriebsanleitung Ihrer Nähmaschine nach.

5. Wenn die Fadenspannung stimmt, können Sie andere mögliche Garnfarben ausprobieren und die Technik üben, um sich ans Freihandstopfen zu gewöhnen. Entfernen Sie den Stoffrest, wenn Sie damit fertig sind.

6. Wenn Sie einen Stickrahmen benutzen, dann spannen Sie das Kleidungsstück jetzt ein. Anders als beim Handsticken, bei dem der Stoff oben im Rahmen sitzt, sollte er jetzt, beim Maschinenstopfen, unten sitzen, so dass er die Nähmaschine unten berührt. Achten Sie darauf, nur eine Stofflage einzuspannen, damit Sie keine Hosenbeine oder Taschen zunähen.

7. Heben Sie den Stopffuß an und legen Sie Ihr eingespanntes Kleidungsstück unter die Maschine. Stofflagen, die nicht genäht werden sollen (z.B. Taschen), aus dem Weg nehmen. Den Fuß absenken.

→

8

←

8. Setzten Sie sich bequem hin und halten Sie den Stickrahmen mit beiden Händen. Nähen Sie ein paar Stiche, dann, um den Faden zu vernähen, ein Stück zurück nähen. Fangen Sie an, über die kaputte Stelle in jegliche Richtung zu nähen, lenken Sie den Stickrahmen mit Ihren Händen. Für unsichtbares Stopfen folgen Sie dem Fadenlauf oder Webmuster des Stoffs. Für eine witzige Reparatur können Sie „herumkritzeln" wie mit einem Stift auf Papier. Nähen Sie weiter, bis Sie mit der Bedeckung zufrieden sind, aber nähen Sie nicht mehr als nötig, sonst wird das Kleidungsstück zu steif. Wenn Sie nur leicht stopfen, dann nähen Sie am Ende noch einmal rückwärts, um die Fäden zu vernähen (wenn die Fläche dicht mit Stichen bedeckt ist, kann man diesen Schritt weglassen.)

9. Nehmen Sie das Kleidungsstück zuerst aus der Maschine und dann aus dem Stickrahmen.

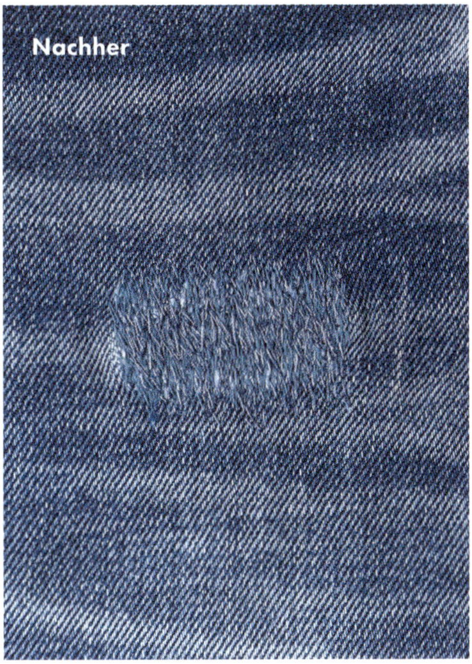

10. Die letzten Fadenenden abschneiden und die Heftfäden entfernen. Überstehenden Stoff am Flicken abschneiden. (Für extra Ökopunkte hebt man die Reste auf und nutzt sie als Füllung für ein anderes Projekt.)

11. Wenn Sie mit der geflickten Stelle zufrieden sind, schließen Sie alle Nähte, die Sie eventuell vorher geöffnet haben. Stellen Sie Ihre Maschine wieder auf normales Steppen, schalten Sie den Transporteur wieder ein, schrauben Sie einen normalen Nähfuß an, vergrößern Sie die Stichlänge und passen Sie die Fadenspannung an das Garn an. Verlassen Sie sich nicht immer auf dieselbe Fadenspannung, wenn man z.B. mit Steppgarn arbeitet, sollte man sie ändern und/oder wenn man mehrere Lagen robusten Stoff näht. Man kann am Stoffrest üben – falten Sie ihn, so dass es dem, was Sie wieder zusammennähen werden, ähnelt.

3

SICHERHEITSWARNUNG: Einhändig zu fahren kann gefährlich sein. Um nicht auf Ihre Finger zu nähen, machen Sie langsam und schalten Sie die Maschine aus, wenn Sie mit den Fingern an die Nadel müssen, z.B. um eingeklemmte Fäden zu entfernen. Falls Sie die Geschwindigkeit einstellen können, wählen Sie die langsamste Stufe. Wenn Ihre Maschine ein Fußpedal hat, drücken Sie so wenig wie möglich darauf, stellen Sie sich vor, Sie wären eine winzige Maus auf dem Pedal.

1. Stellen Sie den Steppstich ein und Ihre Lieblingsstichlänge. Kleinere Stiche sind weniger sichtbar, aber deswegen auch schwerer aufzutrennen, sollten Sie einen Fehler machen. Ich stelle bei dieser Methode meine Stichlänge normalerweise auf 2 oder 3mm.

2. Heben Sie den Nähfuß an, fädeln Sie den Faden ein und legen Sie die Unterfadenspule ein.

3. Testen Sie die Fadenspannung. Die Fadenspannung reicht von 0 bis 9 und die Standardeinstellung beim Steppstich ist üblicherweise 4,5, aber das kann sich mit der Zeit verändern, wenn Ihre Maschine lange nicht mehr gewartet wurde. Die ideale Fadenspannung variiert von Projekt zu Projekt, je nachdem, welches Garn und welcher Stoff genutzt wird. Legen Sie Ihren Probestoff ein und senken Sie den Nähfuß. Üben Sie, gerade Linien zu nähen, dann halten Sie an und entscheiden, ob die Fadenspannung zu stramm, zu locker oder genau richtig ist. Die Teststiche sollten gleichmäßig sein, rechts und links gleich aussehen und keine Schlaufen oder Knoten haben. Wenn Sie die Fadenspannung ändern müssen, heben Sie den Nähfuß an und ändern Sie die Einstellung um eine Stelle, dann lassen Sie den Nähfuß herab und nähen weiter. Wenn nötig, wiederholen. Wenn Sie nicht sicher sind, wie man die Fadenspannung einstellt, schauen Sie in der Betriebsanleitung nach.

4. Wenn die Fadenspannung stimmt, können Sie andere mögliche Garnfarben ausprobieren und die Technik üben. Entfernen Sie den Stoffrest, wenn Sie damit fertig sind.

5. Heben Sie den Nähfuß und legen Sie das Kleidungsstück unter die Maschine, die Nadel in der oberen linken Ecke der kaputten Stelle. Achten Sie darauf, dass sich nur eine Stofflage unter der Nadel befindet (Taschen aus dem Weg nehmen), damit Sie keine Hosenbeine oder Taschen zunähen.

→

METHODE: NÄHSTOPFEN

6a

←

6. In der oberen linken Ecke mit ein paar Stichen beginnen, ein paar Stiche rückwärts nähen, um den Faden zu vernähen, dann dem Fadenlauf oder Webmuster folgend gerade Linien nähen. Jetzt haben Sie zwei Möglichkeiten:
   a. **Einhändiges Nähen:** Halten Sie den Knopf zum Rückwärtsnähen mit einer Hand und nähen Sie in einem leichten Winkel rückwärts, führen Sie das Kleidungsstück sanft mit der anderen Hand. Das geht einfacher, wenn Sie mit der Maschine zusammenarbeiten, der Transporteur führt den Stoff geradeaus, man muss ihn nur auf Kurs halten.
   b. **Drehen (nicht zurückschauen):** Wenn es möglich ist,y Ihr Kleidungsstück um 180° zu drehen, können Sie eine Methode nutzen, bei der man die Richtung wechselt und trotzdem immer nur vorwärts näht. Zum Drehen lassen Sie die Nadel ganz in den Stoff hinab, heben Sie den Nähfuß, drehen Sie den Stoff in die gewünschte Lage, senken Sie den Nähfuß herab und nähen Sie weiter.

10

7. LANGSAM über die kaputte Stelle vor und zurück nähen. Zuerst von links nach rechts im breiten Zickzack nähen (damit zerrissene Kanten gesichert werden), dann zurück von rechts nach links, füllen Sie die Stellen. Auch die Ränder im Zickzack nähen, um neuen Rissen vorzubeugen.

8. Nähen Sie weiter, bis Sie mit der Bedeckung zufrieden sind, aber nähen Sie nicht mehr als nötig, sonst wird das Kleidungsstück zu steif. Wenn Sie nur leicht stopfen, dann nähen Sie am Ende noch einmal rückwärts, um die Fäden zu vernähen (wenn die Fläche dicht mit Stichen bedeckt ist, kann man diesen Schritt weglassen).

9. Nehmen Sie das Kleidungsstück aus der Maschine.

10. Die letzten Fadenenden abschneiden und Reihstiche entfernen. Überstehenden Stoff am Flicken abschneiden. (Für extra Ökopunkte hebt man die Reste auf und nutzt sie als Füllung für ein anderes Projekt.)

→

METHODE: NÄHSTOPFEN

←

11. Wenn Sie mit der geflickten Stelle zufrieden sind, schließen Sie alle Nähte, die Sie eventuell vorher geöffnet haben: Stellen Sie Ihre Maschine wieder auf normales Steppen, schalten Sie den Transporteur wieder ein, schrauben Sie einen normalen Nähfuß an, vergrößern Sie die Stichlänge und passen Sie die Fadenspannung an das Garn an. Verlassen Sie sich nicht immer auf dieselbe Fadenspannung, wenn man mit Steppgarn arbeitet, sollte man sie ändern und/oder wenn man mehrere Lagen robusten Stoff näht. Man kann am Stoffrest üben – falten Sie ihn, so dass es dem, was Sie wieder zusammennähen werden, ähnelt.

PRO TIPPS

- Flicken oder verstärken Sie Ihre Kleidung beim ersten Anzeichen eines Schadens. Ein frühzeitiger Stich erspart neun späte – eine fadenscheinige Stelle ist schneller geflickt als ein richtiges Loch oder Riss.
- Benutzen Sie eine neue Nadel und Garn von guter Qualität. Alles, was alt, gebraucht oder von zweifelhafter Qualität ist, mag fürs Handnähen in Ordnung sein, aber ist nicht zuverlässig in der Maschine, wo es auch schneller reißt. Zeichen einer schlechten Qualität sind Flausch (das Garn ist nicht fest gezwirnt), keine Marke und wenn man es in einem Billigladen erstanden hat.
- Die Betriebsanleitung einer Nähmaschine ist enorm wichtig. Sollten Sie Ihre verlegt haben, suchen Sie im Internet danach. Ich hebe meine im Karton meiner Nähmaschine auf, so finde ich sie schnell, wenn ich sie brauche.
- Etwas flüssigen Nahtdichter oder Fransenstopp auf abgenutzte Stellen geben, die nicht gut zu nähen sind (z.B. Säume und Taschenkanten) – er macht die Kleidung haltbarer.

FLICKEREIEN

Wenn sichtbar geflickt wird, benutzen Sie einen Faden in Kontrastfarbe oder nähen Sie einen bunten Flicken unter das Loch und stopfen Sie leicht, dann wird das Geflickte zu einem neuen Designelement.

Beim Freihand-Stopfen kann man mit dem Faden Bilder oder Worte "zeichnen". Zur Inspiration siehe *Garnkunst* von Meredith Woolnough (Stiebner Verlag).

Ich habe in meinen Finger genäht!

Autsch! Das habe ich ein paar Mal erlebt, und normalerweise liegt das an einem oder mehreren Faktoren:

1. Keine Nähmaschinenerfahrung (dabei nicht schummeln!).
2. Zu schnell nähen, so dass man panisch wird.
3. Versehentlich auf das Fußpedal treten, während die Finger in der Nähe der Nadel sind (um Fäden oder Nadeln zu entfernen).

Sicherheit geht vor: Beim Nähstopfen so langsam wie möglich nähen, und die Maschine ausschalten, wenn man zur Nadel greift. Wenn Sie gestresst sind (was die Entscheidungsfähigkeit beeinträchtigt), machen Sie eine Teepause, um sich zu beruhigen, bevor Sie es noch mal probieren.

Meine Hose ist zu eng und schwierig auf der Nähmaschine zu bewegen.

Die einfachste Lösung ist, eine Seitennaht zu öffnen, so dass man ein flaches Stück Stoff erhält. Eine andere, z.B. für Löcher am Knie, ist es, mit den Schussfäden zu nähen und entlang dem Riss anstatt über ihn zu nähen.

Meine Nadel ist abgebrochen.

Eine kaputte Nadel ist zu klein und spitz, um allein recycelt oder weggeworfen zu werden. Sie wollen doch nicht, dass sich die Müllsortierer stechen. Viele Näher*innen sammeln ihre kaputten Nadeln in einer alten Dose oder einem Glas und wenn es voll ist, wird es verschlossen weggeworfen. Um ein häufiges Abbrechen zu verhindern, erneuern Sie die Nadeln regelmäßig, und achten Sie darauf, die richtige Art und Stärke für den Stoff zu benutzen.

Mein Faden reißt ständig ab.

Überprüfen Sie, dass Nadel und Spule korrekt eingefädelt sind, und korrigieren Sie es, wenn nötig. Benutzen Sie Garn guter Qualität, altes oder billiges Garn reißt eher.

Mein Garn ist deutlich sichtbar.

Mischen Sie zwei oder mehr Farben, damit es besser passt. Dem Fadenlauf oder Webmuster des Stoffs zu folgen, verhilft ebenfalls zu einem besseren Ergebnis.

Meine Fäden sind total verheddert.

Achten Sie darauf, vor dem Nähen immer den Nähfuß zu senken. Wenn es nicht daran liegt, könnte die Spule falsch liegen oder die Fadenspannung nicht richtig sein.

Meine Nähmaschine hasst mich und arbeitet nicht mit.

Wann haben Sie Ihre Maschine das letzte Mal geputzt und geölt oder von einem Profi warten lassen? Sollte die Antwort „Noch nie“ oder „Ich erinnere mich nicht“ lauten, dann wird es Zeit! Ihre Maschine möchte staubfrei und gut geölt sein. Hersteller empfehlen, sie alle 12–18 Monate professionell warten zu lassen oder früher, wenn sich etwas ändert oder sie ungewöhnliche Geräusche macht. Falls Sie den Fehler nicht finden, bitten Sie eine nähende Freunde um Hilfe, oder besuchen Sie einen Kurs zum Auffrischen. Ich habe mal einen unglaublich hilfreichen zur Nähmaschinenwartung gemacht.

Ich habe meine Jeans geflickt, aber sie ist schon wieder kaputt!

Das ist frustrierend, aber völlig normal, besonders, wenn es durch Reibung (Hallo Oberschenkel!), viel Bewegung (Hallo Radler!) geschieht, oder weil jemand stur zu enge Hosen trägt, die er zum Platzen bringt (Ich spreche aus Erfahrung). Am besten ganz früh flicken – präventiv, wenn möglich – anstatt auf ein echtes Loch oder einen Riss zu warten. Kaufen Sie zukünftig Jeans aus dickerem Denim (100% Baumwolle), wenn möglich. Je dünner der Stoff und je höher der Kunstfaseranteil (z.B. Lycra/Spandex/Elasthan), umso schneller gehen sie kaputt.

SCHNELLE HILFE:

Knöpfe

Einen Knopf anzunähen ist vielleicht die schnellste und einfachste Reparatur. Leute sagen oft, sie wüssten nicht, wie man einen Knopf „richtig" annäht, aber – Überraschung! – es gibt nicht die eine richtige Art, so lange er fest sitzt und die Fäden nicht locker sind. Ich zeige hier, wie ich es gern mache.

Es gibt zwei Hauptknopfformen: Den Lochknopf (Abb.) und den Ösenknopf. Den Ösenknopf näht man ähnlich an, bloß dass man durch die Öse anstatt durch die Löcher sticht.

Vierlochknöpfe können auf unterschiedliche Arten angenäht werden. Man kann sogar Buchstaben schreiben: C, L, N, O, U, X und Z (wetten, dass ich die nächsten Pyjamaknöpfe mit ZZZ im Knopfloch flicke!). Wie wäre es, den Knopf durch einen ganz anderen zu ersetzen, oder ihn in einer Kontrastfarbe oder mit einem anderen Muster anzunähen, so dass er zu einem Designelement wird?

Sollte der Knopf den Stoff eingerissen haben, so dass ein Loch entstanden ist (geschieht oft an Hemden), entfernen Sie den Knopf nähen, Sie einen Stoffflicken auf und dann den Knopf an.

Ein kaputtes Knopfloch wird im Knopflochstich geflickt (S. 40).

METHODE: FLACHER KNOPF

1. Die Nadel einfädeln und einen Knoten machen. Damit es länger hält, benutzen Sie extra starkes Nähgarn oder Steppgarn, nehmen Sie den Faden doppelt und/oder nutzen Sie Bienenwachs.

2. Nähen Sie ein, zwei Stiche in den Stoff. Ich platziere den Knoten auf der rechten Seite, wenn ich einen großen Knopf annähe, aber im Grunde ist die Seite egal.

3. Stechen Sie die Nadel von unten durch ein Knopfloch und durch ein anderes wieder hinunter.

4. Bevor Sie den ersten Stich beenden, legen Sie ein Streichholz oder einen Zahnstocher zwischen Knopf und Stoff. Das verhindert zu kurze Stiche – wichtig bei Mänteln und anderer dicker Kleidung. Dann in der Nähe des ersten Stichs nach oben einstechen. Zwei oder drei Mal durch jedes Loch gehen, bis der Knopf festsitzt.

5. Streichholz oder Zahnstocher jetzt entfernen und den Knopf leicht hochziehen.

6. Zur Verstärkung den Faden ein paar Mal im Uhrzeigersinn um den gerade genähten Steg zwischen Knopf und Stoff wickeln. Die Nadel auf die linke Seite durchstechen und den Faden verknoten.

2

3

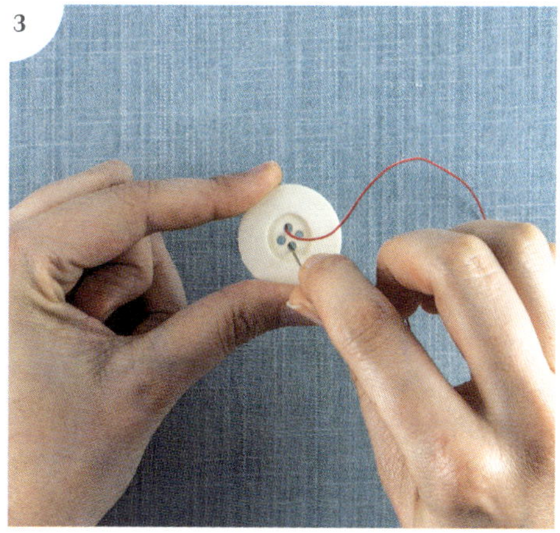

4

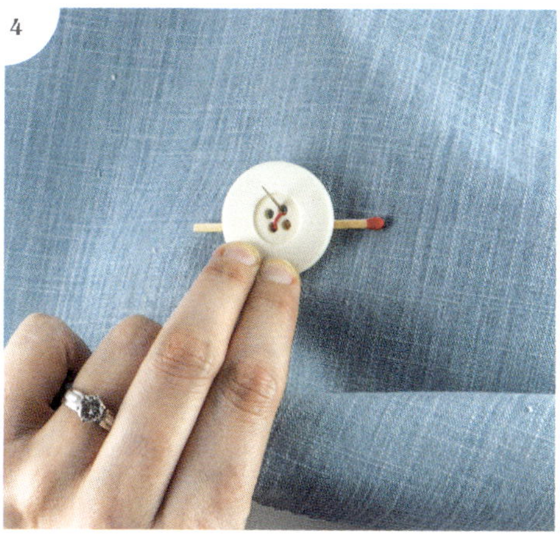

5

6a

6b

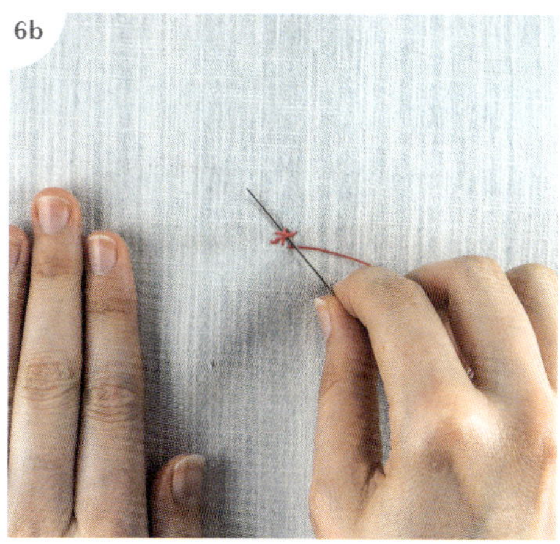

SCHNELLE HILFE:

Reiß-verschlüsse

Reißverschlüsse sind für mich wie Schlangen, ich tue alles, um sie nicht flicken zu müssen. Es ist reine Fleißarbeit. Positiv ist, dass man den Fehler leicht findet, das Flicken einfach ist und man sich danach fühlt wie ein Held. Es gibt verschiedene Reißverschlussarten, aber nur zwei Optionen, wenn sie kaputt sind: reparieren oder ersetzen.

Todesurteile (Probleme, bei denen man ihn ersetzen muss), z.B.:

- Fehlende oder kaputte Zähne
- Kaputtes Band
- Fehlendes oder kaputtes Kastenteil bei teilbaren Reißverschlüssen (wie bei Jacken oder Schlafsäcken)
- Der Reißverschluss schließt nicht, weil Hose oder Schuhe zu eng sind (er geht durch zu großen Druck kaputt)

Reißverschlüsse einzunähen ist eine Welt für sich, mit vielen Methoden für Jacken, Hosen, etc. Wenn Ihnen das zu viel ist, unterstützen Sie die örtliche Änderungsschneiderei. Wollen Sie es selbst machen, ist *Kleidung* von Jules Fallon (Stiebner Verlag) ein guter Start.

Die reparierbaren Probleme lassen sich oft mit einem Stück Seife oder Bienenwachs, einer Zange und/oder diversen Flüchen beheben. Man kann Ersatzteile kaufen oder Einzelteile von alten Metallreißverschlüssen ähnlicher Größe und Stil (in Secondhandläden im Überfluss zu finden) transplantieren.

FEHLERPARADE

KAPUTTER SCHIEBER

LOCH

ALLES AUF EINMAL: SCHIEFE, FEHLENDE ZÄHNE UND FEHLENDES ENDTEIL

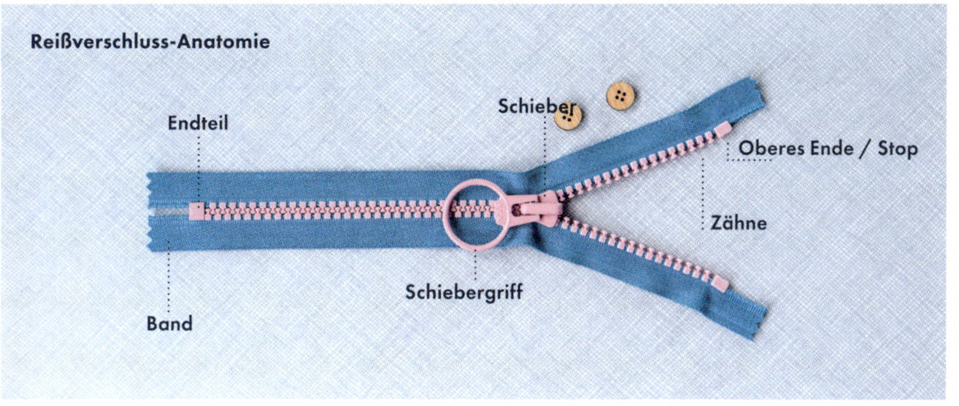

REPARATUR

Häufige, reparable Probleme:

- **Der Schieber klemmt oder führt die Zähne nicht richtig zusammen.** Ein Stück Seife auf die Zähne streichen und den Schieber hin und her ruckeln. Wenn die Zähne schief greifen, kann man versuchen, die Zähne in der Nähe mit einer Büroklammer aufzubiegen und dann Seife aufzutragen. Überprüfen Sie, dass kein Zahn kaputt ist oder fehlt, sonst muss der Reißverschluss ausgetauscht werden.
- **Fehlender Schiebergriff.** Ist die Öse, an der er befestigt ist, noch ganz, ersetzen Sie den Griff mit einem Schlüsselring oder einem Lederband.
- **Fehlender/kaputter/lockerer Schieber.** Ersetzen Sie ihn. Schieber gibt es in verschiedenen Größen und Stilen. Haben Sie das Original nicht, achten Sie darauf, dass der Ersatz ähnlich ist. Es kann sein, dass man vorübergehend das Anfangsteil mit einer Zange lösen muss, um den Schieber einzusetzen (nur bei Metallreißverschlüssen möglich), oder Sie probieren es mit Bienenwachs am Anfangsteil und den ersten Zähnen und ziehen dann. Wenn Sie den Schieber eingesetzt haben, er aber zu locker sitzt und abfällt, können Sie ihn mit einer Zange (sanft) zusammenpressen. Wenn der Schieber von einem teilbaren Jackenreißverschluss weg ist, weil das Endteil fehlt, muss der komplette Reißverschluss ersetzt werden.
- **Das Anfangsteil fehlt**. Man kann eins von einem Metallreißverschluss auf einen anderen transplantieren, bei Plastik geht das nicht.
- **Fehlendes oder kaputtes Endteil.** Wenn es ein nicht teilbarer Reißverschluss ist, können Sie einfach mit mehreren Plattstichen übereinander ein neues Endteil basteln (ein Schneidertrick, um Reißverschlüsse zu kürzen). Bei einem teilbaren Reißverschluss muss man ihn komplett austauschen.
- **Der Hosenreißverschluss rutscht immer wieder auf.** Befestigen Sie einen Schlüsselring am Schiebergriff und legen Sie ihn um den obersten Knopf, bevor Sie diesen schließen.

SCHNELLE HILFE:

Laufmaschen

Laufmaschen in Strickstoffen sehen zwar kompliziert aus, aber sie sind leicht zu flicken, und es macht Spaß. Eine Laufmasche (oder eine gefallene Masche) entsteht, wenn eine Masche beschädigt wird und die Maschen darunter sich in einer Kettenreaktion lösen. Damit eine Laufmasche nicht schlimmer wird, sichern Sie die letzte, nicht beschädigte Masche mit einer Sicherheitsnadel, bis Sie Zeit fürs Flicken haben.

Um eine Laufmasche zu beheben, braucht man eine Häkelnadel oder einen kleinen Knüpfhaken – siehe Handwerkszeug (S. 17) für Details. Beides gibt es in unterschiedlichen Stärken, wählen Sie eine, die zur Dicke des Garns passt, das Sie flicken möchten. Laufmaschen in dünnem, maschinengestricktem Stoff zu flicken ist anstrengend für die Augen und mehr Aufwand als Nutzen, daher stopfe ich in diesem Fall meist, aber wenn ich die umgebenden Maschen gut sehen kann, freue ich mich darauf, eine Laufmasche zu flicken, weil es so schnell geht und so befriedigend ist.

Sollte sich neben der Laufmasche ein Loch befinden, beheben Sie zuerst die Laufmasche, denn dadurch könnte sich das Loch und die Flickzeit verkleinern.

METHODE

1. Die rechte Seite oben (die Vs der rechten Maschen sollten zu sehen sein), stechen Sie die Nadel wie gezeigt in die letzte unbeschädigte Masche.

2. Mit der Nadel in der Masche nimmt man die gefallene Masche darüber auf.

3. Die gefallene Masche durch die Schlaufe ziehen.

4. Bis zum Ende der Laufmasche wiederholen.

5. Der letzte Schritt ist unterschiedlich, je nachdem, was sich am Ende der Laufmasche befindet. Wenn alle Lücken geschlossen sind und es kein Loch gibt, nähen Sie die oberste Laufmasche mit passendem Garn fest. Wenn sich am Ende der Laufmasche ein Loch befindet, sichern Sie die Laufmasche oben mit einer Sicherheitsnadel oder einem Faden, stopfen Sie dann das Loch.

1

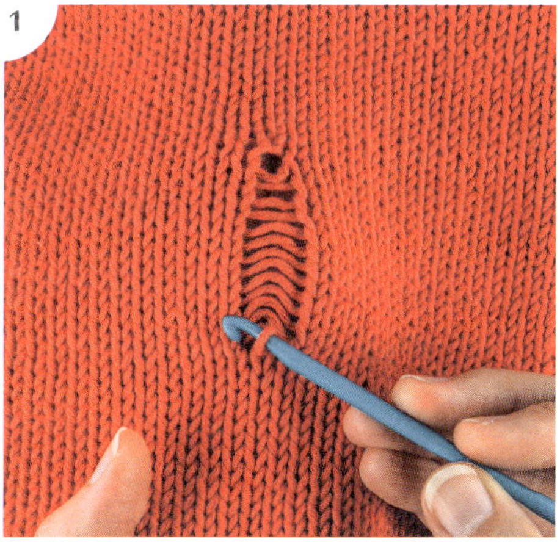

2

3a

3b

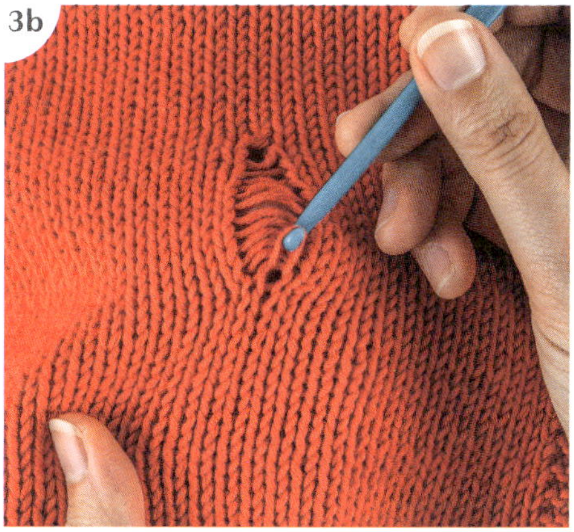

4

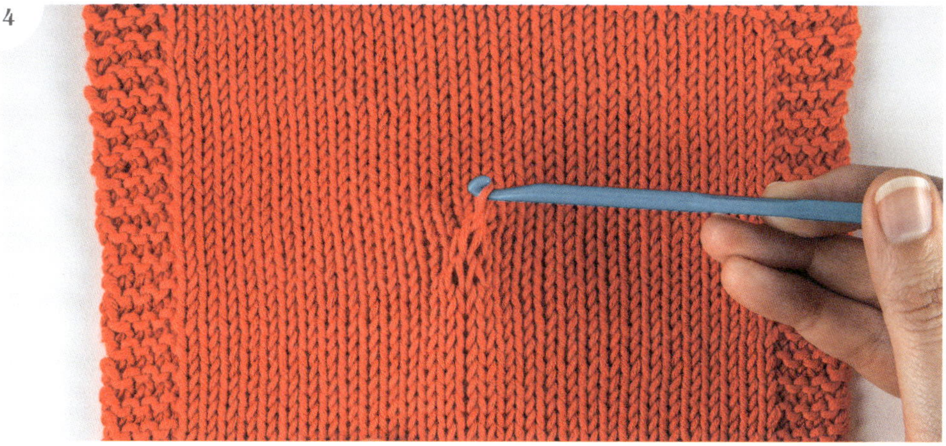

SCHNELLE HILFE:

Gezogene Fäden

Das hier ist für alle, die Haustiere oder Schmuck besitzen, der immer wieder Fäden zieht.
Bei handgestrickten und wendbaren Kleidungsstücken kann man versuchen, den Faden wieder zurückzuziehen, aber bei den meisten modernen Kleidern versteckt man ihn am besten.
Ich zeige hier zwei Methoden mit zwei unterschiedlichen Nadeln:

- Eine Reparaturnadel hat ein aufgerautes Ende, ähnlich einer Feile, das Fäden an- und auf die andere Seite des Stoffs zieht. Es ist die schnellere und einfachere Methode – wenn Sie oft Fäden ziehen, spart sie Zeit – ,aber man braucht nicht unbedingt eine. Die raue Oberfläche der Reparaturnadel kann empfindliche Stoffe beschädigen, nutzen Sie bei Seide und Ähnlichem also lieber eine Nähnadel.

- Auch mit einer normalen Nähnadel kann man gezogene Fäden beheben, wenn das Öhr groß genug für den Faden ist. Ein Einfädler würde es noch schwieriger machen, wählen Sie also eine Nadel, bei der man keinen braucht. Diese Technik ist auch beim Stopfen hilfreich, wenn man zu kurze Fadenenden vernähen muss.

Wenn Sie fertig sind, können Sie den Faden so lassen (Knoten sind nicht nötig, abschneiden könnte alles schlimmer machen); niemand sieht ihn, weil er innen liegt. Ein Dampfbügeleisen kümmert sich um eventuelle Dellen.

Um Fäden an Möbeln zu verbergen, stechen Sie die Nadel horizontal ein und wieder aus, wie beim Vorstich.

Ist es möglich, das Kleidungsstück zu wenden, kann der Faden noch unsichtbarer mit der Stopfmethode für Fadenenden versteckt werden (S. 84).

METHODE: DEN FADEN MIT EINER REPARTURNADEL FLICKEN

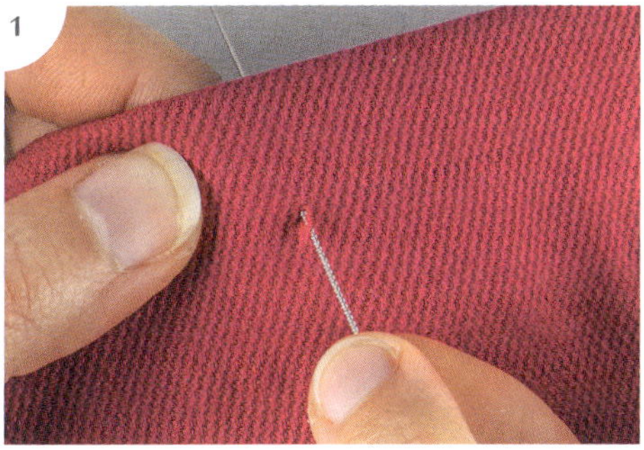

1

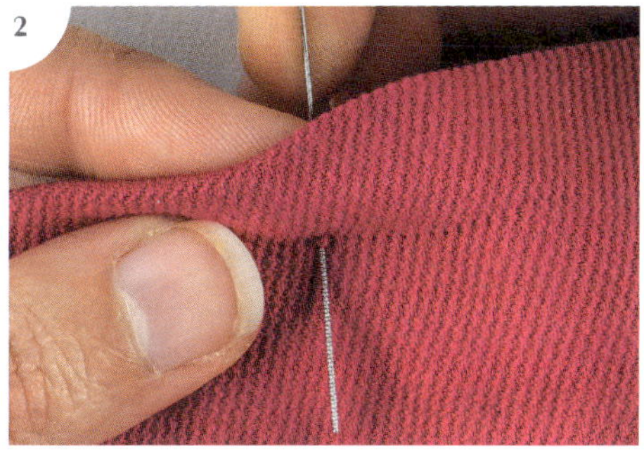

2

1. Die Nadelspitze so nah wie möglich am gezogenen Faden in den Stoff stechen.

2. Die Nadel von der anderen Seite durch den Stoff ziehen und mit ihr den Faden. Der Faden muss nicht ganz durchgezogen werden, gerade so weit, dass man ihn mit dem Finger greifen und ganz durchziehen kann. Schauen Sie auf der linken Seite nach, ob es schon reicht. Wenn nicht, wiederholen Sie alles.

METHODE: DEN FADEN MIT EINER NÄHNADEL FLICKEN

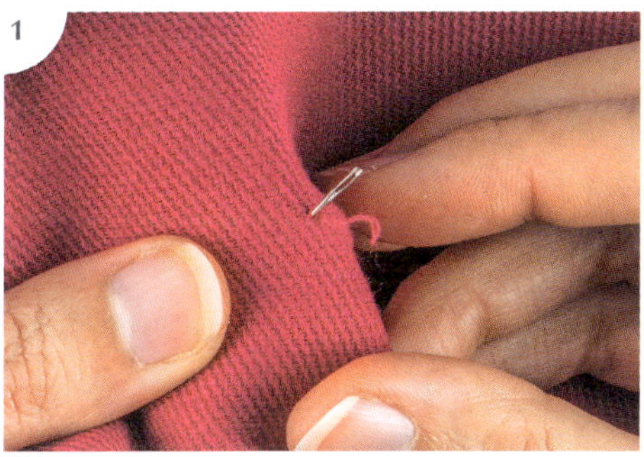

1

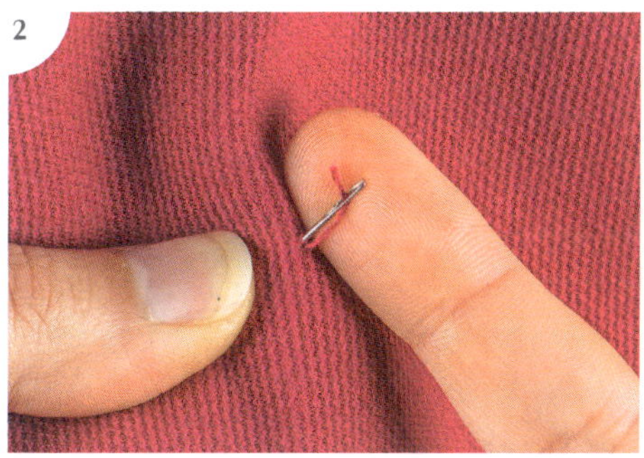

2

Um einen gezogenen Faden zu flicken, sticht man zuerst die Nadel ein und fädelt ihn dann ein. Clever!

1. Eine Nadel ohne Faden in den Stoff stechen, so nah wie möglich an dem gezogenen Faden, das Öhr bleibt frei.

2. Die Nadel auf der linken Seite festhalten und den gezogenen Faden einfädeln. Man kann den Faden umknicken, damit er sich leichter einfädeln lässt.

3. Die Nadel mit dem Faden ganz durchziehen.

FALLBEISPIEL: AMANDAS KLEID

Genutzte Techniken & Materialien

- Sticken
- Perlgarn in sieben Farben
- Kreidestifte zum Markieren auf Stoff

Ich liebe Stickerei, und sie ist auch beim Flicken gut einzusetzen. Es gibt ein paar Stiche, die beides können, verzieren und flicken, ich nenne sie nützliche Stickerei, weil sie nicht nur dekorativ sind, sondern auch flicken können. Vorstich, Steppstich, Plattstich und Langettenstich sind solche Stiche.

Amanda hat dieses schwarze Viskosekleid mit ausgefransten Taschen ins Reparaturcafé gebracht, in dem ich ehrenamtlich arbeite.

Ich wusste sofort, dass Plattstich und mein wundervoller Regenbogen aus Baumwollperlgarn ideal dafür waren. Ich habe beide Taschen oben mit einem Kreidestift in Abschnitte aufgeteilt und in jedem eine andere Farbe benutzt.

Ein Tipp für einen schönen Plattstich ist, immer auf derselben Seite Ihres Designs zu beginnen, durch den Stoff nach oben zu stechen und jedes Mal auf der anderen Seite nach unten. Ich habe meine Stiche an der Naht der Taschenpatte ausgerichtet.

Nachher

FALLBEISPIEL: ANNAS JEANS

Vorher

Genutzte Techniken & Materialien

- Stoffflicken + Sashiko-Stickerei
- Stoffreste von alten Jeans
- Sashiko-Garn
- Millimeterpapier und Bleistift für eine Musterskizze

Meine Jeans bekommen nie Löcher am Knie, deswegen war ich ganz begeistert, als Anna mich beauftragte, ihre Lieblingsjeans zu flicken. Sie hatte sie im Used Look gekauft und wollte ihn erhalten, aber das Loch im linken Knie wurde zu groß und störte sie immer mehr.

Ich schlug japanisches Sashiko vor und gab ihr Susan Briscoes *Ultimate Sashiko Sourcebook* (nur auf Englisch erhältlich), damit sie sich ein Muster aussuchte. Dass sie sich das Kreuzmuster – Jujizashi – aussuchte, fand ich toll, weil es eines meiner Lieblingsmuster zum Flicken ist (sozusagen Erste Hilfe für Kleider).

Was mir an diesem Muster ebenfalls so gut gefällt, ist, dass die Kreuze lauter einzelne Motive sind, so dass man visuell der Form des Loches folgen kann, anstatt einfach nur ein Rechteck zu sticken. Es ist allerdings eine Illusion, weil – traditionell gesehen – die Kreuze nicht so gestickt wurden, wie sie erscheinen.

Man beginnt mit einem Gitter und stickt zuerst alle vertikalen Linien, dann die horizontalen, man muss also vorplanen. Und das kann knifflig sein, wenn man etwas neu machen oder Stiche ergänzen muss. Ich habe die obersten vier Kreuze aufgetrennt und neu gestickt, weil sie mir beim ersten Mal nicht gefielen, und habe ein paar Kreuze für extra Haltbarkeit ergänzt.

Bei diesem Projekt habe ich sehr viel gelernt und gemerkt, wie meine Stiche immer besser wurden. Ich habe gelernt, dass es besser aussieht, wenn ich den Gitterlinien folge, anstatt die Ecken aufeinander auszurichten, was für mich nicht intuitiv war.

Mal ehrlich: Ich hatte sicherlich über 100 Jeans mit Sashiko-Flicken im Internet gesehen, bevor ich es selbst ausprobiert habe, und niemand hat mir erzählt, wie schwierig es ist, ein Gitter

→

Fortschritt

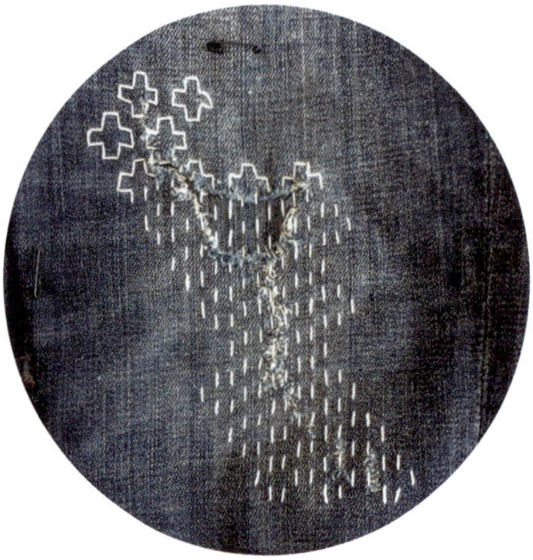

Nachher, Hinten

←

auf eine abgenutzte Jeans mit Rissen und unterschiedlichen Farben zu übertragen. Ich habe diese Jeans an einem Wochenende bestickt und dabei festgestellt, dass keiner meiner Stoffmarker auf allen Jeansschattierungen zu sehen war. Kreide verschwindet, wenn man schwitzt, ist also für Projekte mit viel Stickerei nicht gut geeignet. Ein gelber, selbstauflösender Stift wäre ideal gewesen, aber den gibt es leider nicht.

Ich bin stur und wollte an diesem Wochenende fertig werden, also habe ich Karopapier mit Sicherheitsnadeln an der Jeans befestigt und durch Papier, Jeans und Denimflicken gestickt. Es hat geklappt, aber als ich mit den vertikalen Stichen fertig war, hat es etwas gedauert, das Papier zu entfernen.

Ein paar Tage später habe ich zur Verstärkung noch ein paar Kreuze ergänzt, und dieses Mal habe ich ein Punktegitter auf durchsichtige Stickvlies gezeichnet und dann an die Jeans gesteckt. Das war eine viel einfachere Methode – super leicht wegzuwaschen und ein tolles Endergebnis.

Nachher, Vorne

FALLBEISPIEL: AUSTENS HEMD

Vorher

Genutzte Techniken & Materialien

- Stoffflicken + Maschinennähen + Sticken
- Vintage Schrägband
- Klebestift
- Nähgarn

Ich stelle mich gern der Herausforderung, Herrenkleidung sichtbar zu flicken, und Austen hat ein paar sehr hübsche Hemden.

An diesem maßgeschneiderten Hemd aus Hongkong war der Kragen abgetragen – ein häufiges Problem. Klassisch wird das so geflickt, dass man den Kragen abtrennt, wendet und neu annäht, mit dem guten Stoff außen und dem kaputten innen verborgen. Aber dieser Trick funktioniert nur, wenn beide Seiten des Kragens gleich aussehen. Dieser Kragen hatte eine komplizierte Rückseite mit extra Nähten und Kragenstäbchen, wenden ging also nicht.

Ich überlegte, einen neuen Kragen aus einem anderen Stoff zu nähen, aber ich wollte nicht, dass das Hemd zum Party- oder Gartenhemd herabgesetzt würde. Austen verkauft Luxuskarossen und das musste ein schickes Arbeitshemd bleiben.

Ich habe die abgetragene Stelle mit Vintage Schrägband geflickt – zunächst provisorisch mit einem Klebestift, dann endgültig mit der Maschine und an den Ecken von Hand angenäht. Durch den Klebestift ließ sich das Schrägband leicht positionieren und gleichmäßig annähen.

Nachher

FALLBEISPIEL: BENS JACKE

Genutzte Techniken & Materialien

- Stoffflicken + Sticken
- Universal-Nähgarn
- Metallic-Nähgarn
- Bügeleinlage und Saumband zum Aufbügeln
- Wasserlösliches Stickvlies

Ben, ein Schau- und Puppenspieler, hat mich beauftragt, einen langen Riss in seiner Jacke zu flicken. Ich wollte über den Riss sticken, ohne ihn ganz zu verbergen. Ich schlug die Schrift vor und Ben den Text (aus dem Theaterstück Peter Pan).

Zuerst habe ich den Riss geschlossen: Etwas Bügeleinlage dahinter, zwischen Stoff und Futter, und gut zusammen bügeln. Dann ging's an die Verzierung. Ich habe den Riss auf ein Stück wasserlösliches Stickvlies gezeichnet und danach die Buchstaben, so dass sie der Form folgen, dann habe ich das Vlies festgesteckt.

Ich habe die Buchstaben mit altem, goldfarbenem Nähgarn im Kettstich gestickt und zwar durch alle Lagen, auch das Futter, um es stabiler zu machen. Das goldene Garn riss und flutschte öfter aus der Nadel als normales Stick- oder Nähgarn, und ich hatte ein paar Probleme mit den Nadeln (noch ein Grund mehr für Sicherheitsnadel beim Sticken von Hand). Wenn Sie genau hinschauen, können Sie auf der nächsten Seite ein bisschen von meinem Blut auf dem Stickvlies sehen – Aua! –, aber das Ergebnis war es wert.

Nach dem Sticken habe ich das Stickvlies weggewaschen und schließlich noch mit braunem Universal-Nähgarn über die Lücken zwischen den Buchstaben genäht, damit diese nicht weiter ausfransen.

Als ich die Jacke über ein Jahr später für dieses Buch fotografieren wollte, fielen mir zwei neue Risse auf der anderen Seite auf. Ich wollte, dass das zweite Flicken den ursprünglichen Text ergänzt und nicht damit wetteifert. Nachdem ich die neuen Risse mit Bügeleinlage und Saumband geschlossen hatte, habe ich sie zunächst mit braunem Nähgarn versäubert und dann im Hexenstich darauf gestickt. Ich hatte noch genug vom selben goldfarbenen Garn, es blieben ca. 2cm übrig! Das Garn hatte der lieben, verstorbenen Kinderfrau meiner Freundin Kristy gehört, ich war glücklich, es gut eingesetzt zu haben.

Vorher

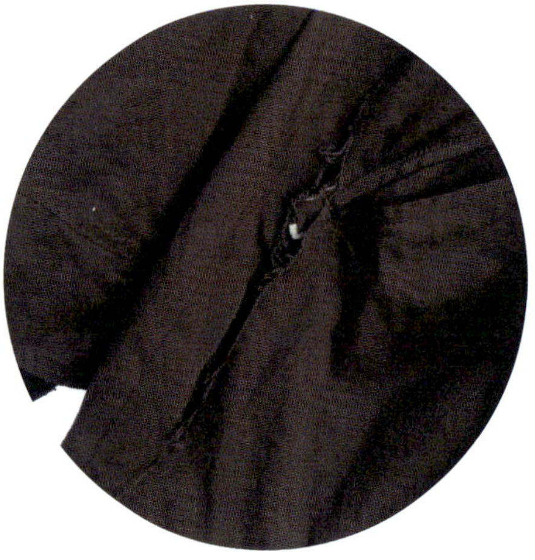

Fortschritt

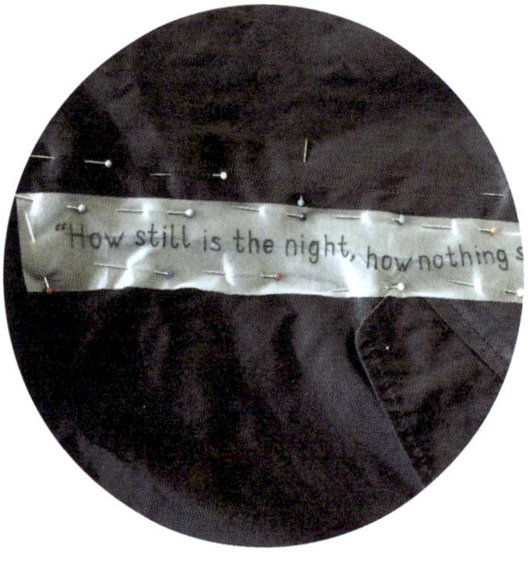

„Das ist wie eine Neugeburt dieser Jacke, und es war genial, das Ergebnis zu sehen. Leute fragen mich, welcher Text das ist, was er bedeutet ... Ich glaube, manchmal denken sie, ich hätte die Jacke schon so gekauft, was ziemlich cool ist." – Ben –

Nachher

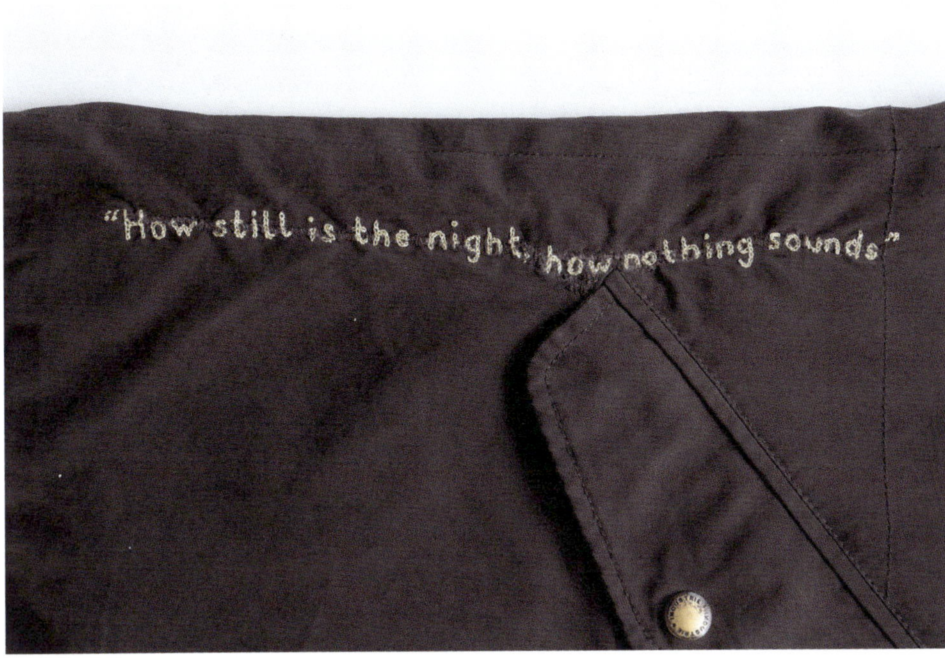

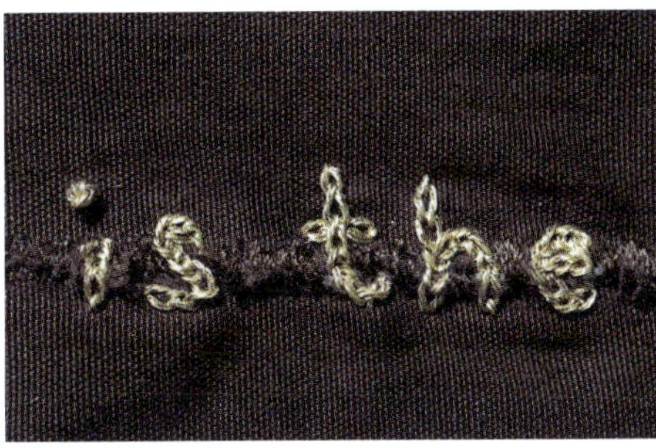

FALLBEISPIEL: CAROLYNS OFENHANDSCHUHE

Genutzte Techniken & Materialien

- Stoffflicken + Maschinenstopfen
- Hitzebeständige Füllung
- Denimreste
- Rest von Baumwollschrägband
- Nähgarn

Carolyn brachte diese Ofenhandschuhe in einen Flickworkshop, den ich 2013 organisiert habe. Ursprünglich waren sie ganz rot, aber nach einigen kulinarischen Abenteuern hatten sie Brandflecken und große Stücke der Füllung fehlten.

Ich hatte noch hitzebeständige Füllung übrig, weil ich mal ein Paar Ofenhandschuhe genäht hatte, ich wusste also, dass ich die Löcher flicken und die Handschuhe wieder sicher machen könnte, aber nicht, wie ich das hübsch hinkriege.

Dann – es war einer meiner ersten Aha-Momente beim sichtbaren Flicken – beschloss ich, den Flicken über die kaputten Stellen hinausreichen zu lassen, damit die Handschuhe aussehen, als hätte man sie in Jeans getaucht.

Ich habe die Löcher mit neuer Füllung gefüllt und die Seitennähte fast ganz geöffnet, damit ich flach arbeiten konnte. Ich nähte Denimflicken (die linke Seite außen – meine Lieblingsseite) auf die obere Hälfte und mit der Maschine über die ursprünglichen Steppnähte.

Ich habe dann schwarz-weißes Schrägband (Reste eines anderen Projekts) angenäht, um die Kanten zu verbergen. Ich hatte nicht genug kariertes Schrägband und musste an einer Stelle gestreiftes verwenden – ein glücklicher Zufall.

Dann schloss ich die Seitennähte und wandte die Handschuhe auf rechts – der schwierigste Moment, weil sie durch die zusätzlichen Lagen steifer geworden waren, besonders die Daumen waren schwer zu wenden. Eine kleine Nahtzugabe hätte es wohl einfacher gemacht (ein Tipp fürs nächste Mal!).

FALLBEISPIEL: CHILLIS HALSTUCH

Genutzte Techniken & Materialien

- Stoffflicken + Maschinennähen + Sticken
- Stoffrest
- Stoffband
- Bügelvlies
- Nahtdichter (z.B. Fransenstopp)
- Nähgarn

Chilli war an meinem früheren Arbeitsplatz der beste Hundefreund und sorgte für Entspannung. Als ihr Halsband mit dem so passenden Muster zerriss, musste ich natürlich helfen!

Der rechtwinklige Riss war perfekt für eine Schleife. Ich habe das Tuch von hinten mit Bügelvlies und Denimflicken repariert, damit es nicht weiter einreißt. Dann habe ich zickzack mit der Maschine über den Riss genäht, um die Kanten zu versäubern (die rote Naht, die auf dem Foto der Rückseite zu sehen ist).

Die Schleife besteht aus zwei Einzelteilen: Die Enden wurden mit der Maschine genäht (die petrolfarbenen Rechtecke auf dem Foto der Rückseite), dann wurden die Schlaufen mit der Hand darauf genäht.

Ein paar Tropfen Nahtdichter schützen die Kanten der Schleife vor dem Ausfransen.

Die Schleife sah zunächst toll aus, aber sie war für Chillis aktives Leben nicht robust genug. Nach einem Jahr voller fröhlichem Herumtollen und -wälzen musste sie noch mal geflickt werden. Die schick eingeschnittenen Enden waren zerfranst und die Schlaufen hingen schlapp herunter. Beim zweiten Flicken kürzte ich die Ränder und sicherte sie mit Plattstich, die Schlaufen habe ich von Hand festgenäht, damit sie das Herumrollen aushalten.

Ich habe gegrübelt, ob das hier sichtbares Flicken ist oder das Gegenteil – Schmuck, um das Geflickte zu verstecken. So oder so fällt es auf: Passanten sagen häufig, wie niedlich die Schleife ist, was Chillis Besitzerin oft die Möglichkeit gibt, zu erzählen, dass sie geflickt ist (wenn sie das möchte). Ich liebe es, solche Gespräche zu inspirieren und zu zeigen, dass Geflicktes weder langweilig noch hässlich aussehen muss – auch für Tiere.

Vorher

„Chilli liebt es, zur Arbeit zu gehen. Sie ist Teil eines Rudels und sieht es als ihre Aufgabe an, während der Woche auf ihre Menschen aufzupassen. An Weihnachten hat sie einmal als Wichtelgeschenk das Chilihalstuch bekommen und es prompt noch in derselben Woche an einem Nagel zerrissen. Ich hätte es leicht ersetzen können, aber es war ein Geschenk von einem aus ihrem Rudel, und ich denke, wenn sie überhaupt an Dingen hängt, dann daran. Ich habe es ziemlich grob geflickt, weil ich kaum nähen kann, und Erin bot ihre Hilfe an. Es ist so gut geflickt, dass es schon viel Herumwälzen überstanden hat. Das Schönste ist, jeden Morgen und Abend durch die Stadt zu spazieren, und jedes Mal lächeln so viele Leute, wegen ihres flotten Gangs und ihres roten Halstuchs mit der türkisen Schleife Es bringt jedem, der uns sieht, Freude –eine Frau ist tatsächlich stehen geblieben und hat vor Freude gequietscht – was wiederum Chilli und mir Freude bereitet hat." – Jac, Chillis Mensch

Nachher, Vorne

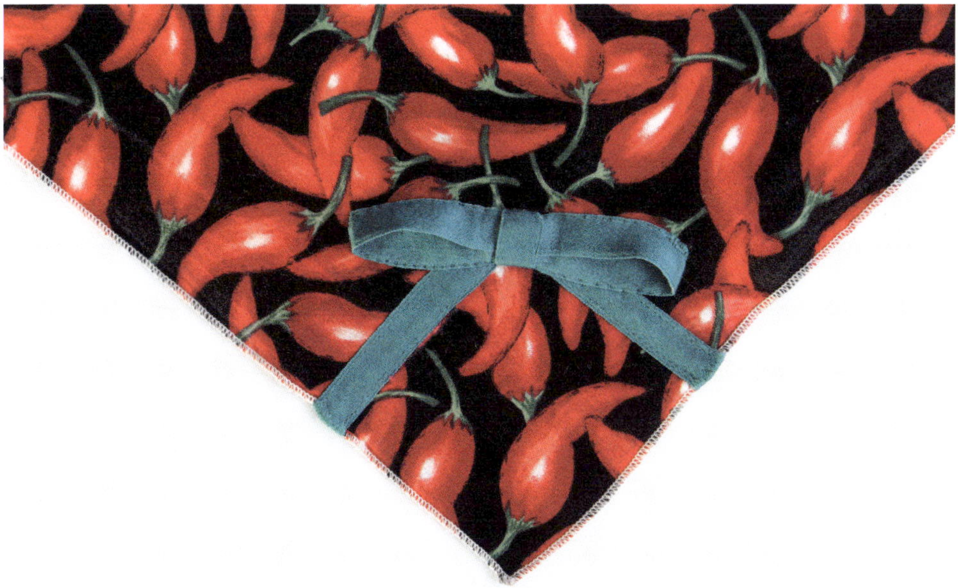

Nachher, Hinten

FALLBEISPIEL: EMILY WS JACKETT

Genutzte Techniken & Materialien

- Stoffflicken + Sticken
- Stoffband
- Nähgarn

Emily hat mir diese leicht beschädigte Wolljacke aus einem Secondhandladen gebracht, damit ich zwei Mottenlöcher wegzaubere.

Emily ist eine Autorenkollegin und hat einen wunderschönen Nachnamen, der mit W beginnt: Wrigglesworth. Ich konnte also der Chance, ein großes W zu legen, nicht widerstehen. Ich bin Typographienerd und hatte Spaß, einen Buchstaben von Hand aus 20cm Stoffband (das Minimum in meinem Laden) zu formen.

Mit fiel auf, dass die Knöpfe locker waren, also habe ich sie mit demselben türkisenen Faden angenäht, was sie hervorhebt und zum Rest passt.

Meine Oma Bunny hätte diese Farbkombination geliebt und war auch die Inspiration dazu.

Fortschritt

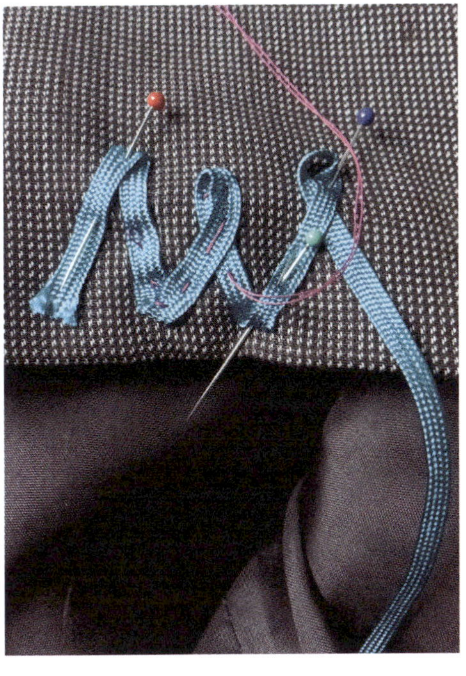

Nachher

FALLBEISPIEL: EMILY OS KLEID

Vorher

Genutzte Techniken & Materialien

- Farbe
- Goldglitzernde Stofffarbe
- Washi-Tape

Als Emily mir ein Foto dieses Kleids, auf dem sie beim Fleckenentfernen auch Farbe weg gerieben hatte, schickte, dachte ich zuerst daran, eine süße Tasche aufzusetzen. Doch als ich das Kleid in den Händen hielt, war der Stoff dünn, zart und rutschig – nicht wie ich gedacht hatte und schlecht geeignet, um Stoffflicken aufzunähen.

Mein Plan B war, mit einem Stoffstift glitzernde, goldene Sechsecke über den Fleck zu malen. Doch ich merkte, dass der Stift auf Baumwolle zwar toll aussieht, auf Seide mit Polyester aber komisch ölig wirkte. (Gott sei Dank habe ich es zuerst ausprobiert.)

Plan C war, goldene Stofffarbe mit einem Pinsel und einer Pappschablone aufzumalen. Doch bei den Schablonen blieben hässliche Ecken, also Plan D, bei dem die Sechsecke mit Klebeband fixiert wurden.

Es war schwer, den rutschigen Stoff gerade zu halten, die Ränder sind daher etwas uneben. Die Goldfarbe war sehr gut, man könnte damit ein abstrakteres Design auch frei Hand malen.

Fortschritt

Nachher

FALLBEISPIEL: EMILY OS BLUSE

Genutzte Techniken & Materialien

- Stoffflicken + Sticken
- Mehrfädiges Baumwollstickgarn (Blau, Rot, Weiß) und Baumwollnähgarn (Pink)
- Stoffrest (Baumwollvoile)

Emily bat mich, diese umwerfende Baumwollvoilebluse aus Indien zu flicken, die an einer Naht gerissen und an manchen Stellen fadenscheinig war.

Ich wusste, dass ich bei diesem Stoff (zu zart, um ihn direkt zu besticken) zur Verstärkung Flicken aufnähen musste, außerdem war der Riss stark ausgefranst.

Meine Ideen ändern sich oft, während ich an einem Auftrag arbeite – wie etwas aussieht, weiß man erst, wenn man es umsetzt. Zunächst inspirierte mich indisches Kantha-Sticken, und ich wollte die Bluse und den neuen Stoff mit parallelen Vorstichlinien verbinden. Doch das Ergebnis gefiel mir nicht, und nach ein paar Probestichen (und viel Auftrennen) ließ ich es. Die blauen Kreuze folgen dem Schaden und die roten, pinken und weißen Fäden passen dazu und verstärken alles. Die Schlitze an den Ärmeln fransten auch schon aus, also habe ich sie in pinkem Flachstich zugestickt und am Schluss zusätzlich blaue Kreuze ergänzt.

Beim Fotografieren für dieses Buch entdeckte ich vorn noch eine ausgefranste Stelle. Zum Glück kann ich schnell weitermachen, wenn ich etwas bereits in einem bestimmten Stil begonnen habe. Kreative Entscheidungen sind getroffen, ich muss nur noch Nadel, Faden und Reiseschere auspacken und sticken. So nutze ich die Zeit im Wartezimmer und der Bahn.

Am besten gefällt mir, wie die Stickerei auf der linken Seite aussieht, der graue Baumwollvoile ist der perfekte Hintergrund für all die Handarbeit, die in der Reparatur steckt, und sie ist so fröhlich bunt.

Vorher

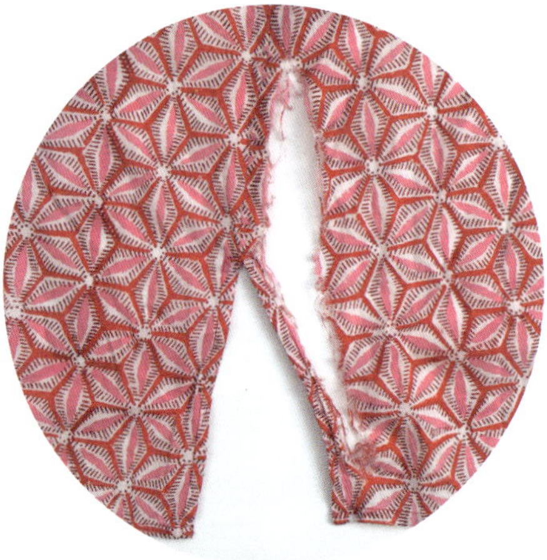

„Ich habe meine Bluse für heiße Tage wirklich kaputtgeliebt … Die großartige, sichtbare, liebe- und respektvolle Flickerei von Erin erreicht zweierlei: Ich kann diese wunderbare Bluse weitertragen und es passt wunderbar zur Philosophie der Hersteller, Anokhi. Ich habe die Bluse im Shop des Anokhi Museum of Hand Printing in Jaipur, Indien gekauft. Die Kleidermarke Anokhi entstand 1967 in Jaipur. Die Gründer wollten die alte Kunst des Holzblockdrucks retten und den Handwerkern in und um Jaipur nachhaltige Arbeit verschaffen. Anokhi unterstützt Handwerker, ihr einzigartiges Kunsthandwerk zu erhalten – von den Händen der Holzblockdrucker in die der Flickgöttin, Erin – wie passend für diese Bluse!" – Emily O

Nachher

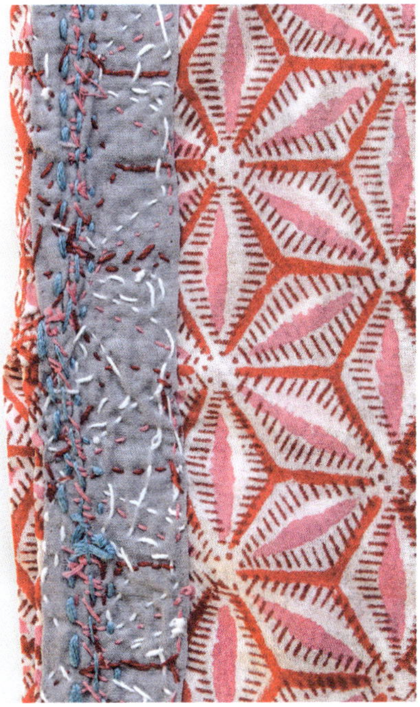

FALLBEISPIEL: EMMA FS GESCHIRRTUCH

Genutzte Techniken & Materialien

- Stoffflicken + Sticken
- Stoffreste (Leinen, alte Laken)
- Universal-Nähgarn
- Mehrfädiger Baumwollsticktwist in fünf Farben
- Bügelvlies
- Wasserlöslicher Stoffmarker, um die Tropfenumrisse vorzuzeichnen

Emma bat mich, ein Loch in diesem Geschirrtuch zu flicken, und ich schob es ständig vor mir her, weil ich nur eine Idee hatte: Den Kakadu, und ich wusste nicht genau, wie ich ihn umsetzen sollte. Ich sehe fertige Kunstprojekte vor mir und bekomme sie erst dann wieder aus dem Sinn, wenn ich sie auch tatsächlich gemacht habe.

Da das Loch sich vor allem im Eis befand, wusste ich sofort, dass ich einen Kakadu machen wollte, der am Loch fraß, anstatt es zu verstecken. Ich liebe Kakadus seit ich sie in einem Park gesehen habe, als ich 1997 nach Australien kam. In den USA leben sie in Käfigen, aber hier fliegen sie frei herum! Ich liebe ihre Knopfaugen und den ausdrucksvollen Kopfputz. Ich habe sie an allem Möglichen knabbern sehen, von Häusern (anscheinend lieben sie Zedernholz) bis zu aufblasbaren Filmleinwänden, warum nicht auch an Eis am Stiel.

Mein Mann, Matt, hat mir geholfen, die Idee aufzuzeichnen, und ich habe freihändig Stoffflicken aus meinem Vorrat an Resten zugeschnitten. Die Kanten habe ich dort unversäubert gelassen, wo sie wie Federn aussehen sollen.

Als ich das Geschirrtuch über ein Jahr später für *Geschickt geflickt* fotografierte, habe ich 10 neue Punkte zum Flicken entdeckt: Löcher, fadenscheinige Stellen und Flecken. Ich wollte nicht noch mehr Tiere basteln, weil das ewig dauern würde und sie in visueller Konkurrenz zum Star der Show treten würden. Also habe ich mit Stickgarn und Plattstich Tropfen gestickt. Stickgarn ist billig und überall in vielen Farben zu haben, in meinem Laden hier habe ich schnell die perfekten Farben gefunden. Sollten neue Löcher auftauchen, kann Emma einfach noch mehr Tropfen sticken.

Vorher

Fortschritt

Hinten

„Ich liebe es, mein Geschirr mit Kunst abzutrocknen." – Emma

Nachher

FALLBEISPIEL: EMMA MS JEANS

Genutzte Techniken & Materialien

- Stoffflicken + Sashiko + Maschinenstopfen
- Stretchjeansreste, von alten Jeans
- Baumwollvoilereste
- Sashiko-Garn
- Universal-Nähgarn
- Nahtdichter (z.B. Fransenstopp)
- Bügelvlies
- Kreidestift und selbstauflösender Markierer, um das Muster auf Stoff zu zeichnen

Löcher in Knien sind die perfekte Entschuldigung für Sashiko.

So sehr ich komplizierte Sashiko-Muster auch liebe, an dieser Jeans war viel zu tun, daher wollte ich etwas Einfacheres ausprobieren. Die Jeans wird irgendwann erneut geflickt werden müssen, und ein einfaches Muster macht es Emma oder jemand anderem leichter, mit dem Thema, das ich begonnen habe, weiterzumachen.

Ich habe ein paar Muster ausprobiert, bevor ich mich auf das Thema X festgelegt habe, das alle geflickten Stellen verbindet.

Die Flicken habe ich aus alten Jeans gemacht, aus Stretchdenim. Es sind keine perfekten Rechtecke, ein einfaches Design bedeutet auch, dass ich mein Gitter nicht mühsam an fehlerhaften Kanten ausrichten muss.

Ich habe an besonders beanspruchten Stellen innen ein paar Flicken aus Baumwollvoile und Bügelvlies ergänzt, um Schäden vorzubeugen, und sie mit der Nähmaschine und passendem Faden gestopft.

An den Stellen, die noch nicht so kaputt waren, dass Stoffflicken nötig waren, habe ich Nahtdichter aufgetragen, damit sie nicht weiter ausfransen.

Vorher

Nachher

FALLBEISPIEL: ERINS T-SHIRT

Genutzte Techniken & Materialien

- Nadelfilzen +, Stoffflicken + Sticken
- Reste verfilzter Wolle von alten Pullovern
- Wollvlies
- Universal-Nähgarn
- Mehrfädiges Baumwollstickgarn

Erin, auch The Rogue Ginger genannt, ist eine Zero-Waste-Queen und eine schicke Lady mit einem großen, öffentlichen Profil, daher wollte ich etwas Elegantes machen, nichts, das nur lustig und niedlich ist. Das ist das Shirt, in dem sie öffentlich auftritt. Sie hat es schon x-Mal getragen, seit ich es geflickt habe, ich wüsste gern, wie viele Gespräche sich dadurch ergeben haben!

Der Pulli hatte es in sich. Er besteht aus dünner, elastischer Merinowolle (ähnlich wie der Baumwolljersey von T-Shirts), die schwieriger zu flicken ist als andere Materialien. Das Gelbgrün ist toll, aber passte farblich zu gar nichts in meinem Vorrat an Flickmaterial. Und viele meiner Lieblingsmethoden für schwierige Stoffe sind nicht müllfrei – wie Bügelvlies mit seinem Schutzpapier, außerdem ist es im Grunde Plastikklebstoff.

Ich habe versucht, Punkte über den Löchern zu nadelfilzen, aber das Vlies haftete nicht. Also habe ich Flicken aus Wollfilz gemacht und sie von Hand aufgenäht. Anstatt Polyacrylvlies oder einen ganzen Strang Wollvlies zu kaufen, wo ich doch nur wenig brauchte, habe ich sie selbst hergestellt (siehe Anleitung S. 110).

Die pinken und blauen Halbkreise sind aus Wollvlies mit der Nadel gefilzt und die grauen und blauen Halbkreise entstanden aus alten, eingelaufenen Pullis, die nicht mehr zu flicken waren. Ich habe eine 20 Cent-Münze als Schablone benutzt und jeden Kreis halbiert, bevor ich die Farben gemischt und alles mit winzigen, im Filz unsichtbaren Vorstichen aufgenäht habe.

→

Vorher

„Ich habe diesen Pulli bei einem meiner ersten, großen Auftritte getragen. Es war eine nervenaufreibende Erfahrung, die so gut lief, dass er zu meinem Glücksbringer bei Reden wurde. Als das Shirt Löcher bekam, war ich ganz begeistert, weil es ein tolles Beispiel für sichtbares Flicken würde und ich es als eine Möglichkeit vorstellen konnte, unsere Kleider etwas länger zu tragen oder in meinem Fall zu Hunderten von Reden!" – Erin

← Als ich Fotos machen wollte, fielen mir weitere, winzige Löcher auf (natürlich!). Ich habe sie mit winzigen Kreuzstichen aus Nähgarn gesichert, was Erin leicht nachmachen kann, sollten mehr auftauchen.

Seit ich dieses Shirt das erste Mal geflickt habe, sind ein paar weitere Löcher aufgetaucht. Und bei einem Workshop hat Erin versehentlich etwas Bienenwachs darauf vergossen. Ich habe noch einen Halbkreis in Pfirsich ergänzt, um das lange Loch am Saum zu verdecken – da ich beim ersten Mal eine 20 Cent-Münze als Schablone benutzt hatte, war die Form leicht nachzumachen – und neue Kreuzstiche in hellgrau über den anderen Löchern und den Bienenwachsflecken.

Nachher

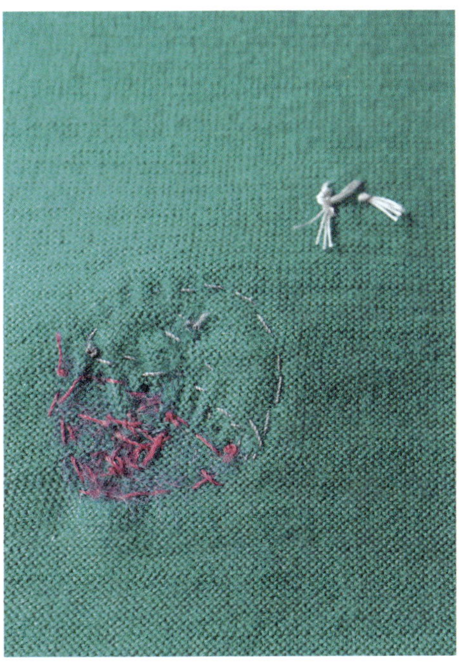

FALLBEISPIEL: GUYS PULLOVER

Vorher

Genutzte Techniken & Materialien

- Stopfen + Sticken
- Mehrfädiges Baumwollstickgarn in zwei Farben
- Wasserlösliches Stickvlies

Guy ist ein Designer und ebenfalls flickbegeistert. Sein Baumwollseidenpullover hatte vorn ein Loch, und er fragte mich, ob ich diese rote Explosion einbauen könnte, ein Symbol, das er liebt.

Zwei Dinge waren unentbehrlich: Wasserlösliches Stickvlies und eine Halterung für den Stickrahmen, um mit beiden Händen arbeiten zu können. Normalerweise nutze ich keinen Stickrahmen bei Strickkleidung, aber ich habe sehr darauf geachtet, den Pulli nicht zu überdehnen. Beide Hände nutzen zu können war wichtig und sparte Zeit.

Ich zeichnete das Muster auf wasserlösliches Stickvlies und heftete es fest, dann stickte ich die Umrisse im Steppstich, so dass das Loch innerhalb des Designs lag.

Danach habe ich das Loch mit blauem Stickgarn gestopft und schließlich mit Plattstich ausgestickt.

Ich habe das Stickvlies mit Wasser entfernt, wodurch sich das Muster leicht änderte, so dass es jetzt wie ein Meeresmonster aussieht- keine schlechte Überraschung. Der Pullover sieht Monate später immer noch toll aus.

Fortschritt

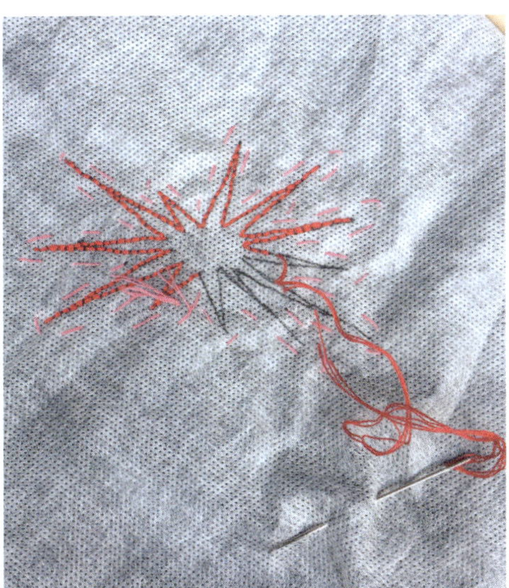

Nachher

FALLBEISPIEL: HILARYS T-SHIRT (ODER LARGE MARGE)

Genutzte Techniken & Materialien

- Stoffflicken + Maschinennähen + Sticken
- Baumwolljersey (neu und Reste)
- Baumwollinterlockjersey
- Baumwollband
- Universal-Nähgarn
- Mehrfädiges Baumwollstickgarn
- Metallic Nähgarn
- Bügeleinlage – gewebt und elastisch

Dieses T-Shirt ist mein bisher größter Auftrag. Als mir Hilary ein Foto schickte – sie gab zu, dass dieses Lieblingsstück nur noch „vom Optimismus zusammengehalten wurde“ – fragte ich: „Hat dich ein Tiger angegriffen?“ Der Halsausschnitt, die Unterkante und die Ärmel brauchten alle neue Bündchen und das T-Shirt war voller Löcher.

Ich habe das T-Shirt „Large Marge“ genannt, nach einer Figur im Film *Pee-Wees irre Abenteuer*, die bildhaft „den schlimmsten Unfall“, den sie je gesehen hat, beschreibt. In meinem Haus würde Marge direkt bei den Lumpen landen. Doch ich hasse es, wenn Flickprofis mir sagen, dass etwas nicht wert ist, gerettet zu werden, und hoffte, etwas zu lernen, was ich bei zukünftigen Kursen verwerten könnte.

Es war viel Arbeit, und ich fragte mich oft „Wie zum Teufel soll ich das machen?“, aber ich machte einfach weiter. Als die Farbverteilung klar war, wusste ich, dass ich das Shirt retten kann.

Zuerst nähte ich um alle Kanten, um sie zu verstärken, ihr Einrollen zu verhindern und damit sie einfacher zu bearbeiten waren. Dann ergänzte ich Flicken in Pfeilform – aus Baumwolljerseyresten und Bügelvlies – an allen vier Seiten und den Ärmelnähten und steppte die Kanten von Hand ab. Die Pfeile sind so lang wie die Löcher.

Marges Bündchen bekamen 6cm breite Streifen aus Baumwolljersey, die in ihren früheren Leben mal Unterhosen waren. Ja, Unterhosen! Unterhosen ergeben super Lumpen und Flicken, und sie sind durchs häufige Waschen meist besonders weich. Schneiden Sie einfach das Verbrauchte ab und benutzen Sie die guten Teile.

Für die Farbstreifen an Bündchen konnte ich lauter Stoffreste in merkwürdigen Formen verbrauchen. Ich habe sie mit der Maschine über die Bündchen genäht. Für Marges Unterkante, den Halsausschnitt und die Schultern habe ich neuen Stoff gekauft.

→

Vorher

WAS ICH VON LARGE MARGE GELERNT HABE

1. Interlockjersey ist doppelt gestrickt, so dass er sich nicht einrollt, daher ist er viel einfacher zu verarbeiten, verglichen mit Baumwolljersey (der sich heftig einrollt).
2. Man kann Streifen aus Baumwollinterlock/-jersey wie Schrägband nutzen (schneiden Sie aber gerade, nicht schräg), um ausgefranste Kanten zu einzufassen.
3. Diese Dreifachnaht (|||) an meiner Nähmaschine, die ich immer ignoriert habe, ist mein Freund (Dank an meine Freundin Kate, die als Erste davon geschwärmt hat).
4. Diese Dreifachnaht aufzutrennen dauert mindestens dreimal so lang, wie beim normalen Gradstich.
5. Verwenden Sie kein billiges, schlechtes Nähgarn, das Ihnen jemand geschenkt hat, bloß weil es farblich passt. Sie werden es später auftrennen müssen.
6. All die bunten Unterhosenreste, die ich aufgehoben hatte, waren tatsächlich nützlich.
7. Ich kann alles flicken.
8. Sie auch! (Es ist allerdings leichter, wenn Sie Ihre Kleider gar nicht erst soweit kommen lassen.)
9. Flicken Sie Ihre Kleidung, sobald Löcher auftauchen, da das auf lange Sicht viel Zeit oder Geld, falls jemand anderes für Sie flickt, spart.

← Zeit für eine Beichte: Als ich das erste Mal das Band unten annähen wollte, hatte ich falsch gemessen und musste stundenlang alles wieder auftrennen, außerdem hatte ich dabei lauter neue, winzige Löcher gemacht. Jetzt hat Marge dreieckige Flicken, oder wie ich finde, Reißzähne auf dem Rücken.

Die Schultern waren am arbeits- und planungsaufwendigsten, also habe ich sie als letztes geflickt. Ich habe von links elastische Bügeleinlage aufgebracht, welche die Löcher mit den gerollten Rändern schloss und alles schön flach machte. Ich habe die roten Schulterflicken aus Stoff und Bügelvlies gemacht und alles auf der Maschine zusammengenäht, der Nähfuß war meine Orientierung beim Nähen der parallelen Reihen.

Nach dem ersten Flicken hat Marge noch ein Loch im Ellbogen bekommen. Ich habe ihr daher ein besonderes Tattoo verpasst, aus Stoff, der vom ersten Mal übrig war, und einer auffälligen Stickerei.

Nachher

FALLBEISPIEL: JESS' PULLOVER

Vorher

Genutzte Techniken & Materialien

- Nadelfilzen + Sticken
- Wollvlies in drei Farben
- Sticktwist

Als Jess mir ihren Lieblingspulli mit Punkten zum Flicken schickte, dachte sie, er habe wenige Löcher. Aber ich habe 19 gefunden! (Sie waren nicht alle sofort sichtbar, ich musste den Pulli ans Licht halten, um alle zu entdecken und mit Sicherheitsnadeln zu markieren.)

Ich wusste, dass ich den Pulli mit mehr Punkten in anderen Farben flicken wollte. Nadelgefilzte Punkte sollten am besten gleich groß sein, dann sehen sie wie bewusstes Design aus, und ich wollte mit den schon vorhandenen Punkten spielen. Manche Löcher waren zu groß, um mit einem Punkt bedeckt zu werden, also habe ich an diesen Stellen die Punkte übereinandergelegt. Ich bat Jess, zwei Farben für die Flicken auszuwählen (Petrol und Marineblau), damit die überlappenden Punkte auffallen und nicht wie Flecken aussehen.

Als ich den Pulli ein Jahr später fotografieren wollte, fand ich noch ein Loch. Dann neun weitere. Dann noch drei!

Ich liebe es, wenn das Geflickte eine Geschichte erzählt, also bat ich Jess für die 2. Runde eine neue Farbe auszuwählen (Eisblau). Jess' Beruf ist es, Teddybären herzustellen, und wir mussten aus einem der neuen Punkte einfach einen Bären machen. Mir gefällt, dass es ein geheimer Eisbär ist, in derselben Farbe und Größe wie die anderen Punkte, das ist noch lustiger.

Nachher

FALLBEISPIEL: KATES STRICKJACKE

Genutzte Techniken & Materialien

- Nadelfilzen + Sticken + Stopfen
- Woll- und Alpakavlies
- Strickwolle
- Wasserlöslicher Stoffmarker
- Universal-Nähgarn

Als ich Kates Kaschmirjacke das erste Mal flickte, hatte sie ein Loch am Ellbogen und die Ärmelbündchen waren abgetragen.

Für den Flicken am Ellbogen habe ich einen großen Stern gefilzt, nach einer Schablone, damit er möglichst präzise wurde.

Für die Schablone habe ich einen alten Kassenbon in Streifen geschnitten und zum Stern zusammengelegt. Ich habe ihn auf einen alten Briefumschlag gelegt, abgezeichnet und negativ ausgeschnitten (siehe Foto auf der nächsten Seite). Dann habe ich das Muster mit einem wasserlöslichen Marker auf die Jacke übertragen.

Die Lochränder am Ellbogen waren etwas ausgefranst, deswegen habe ich sie zuerst mit einer Filznadel auf die Filzunterlage geheftet – aufgerollte Ränder wurden zurück in die Mitte gebogen –, bevor ich das Wollvlies dazu genommen habe. Auf diese Weise war die Grundlage vor dem Flicken flach und nicht verzogen – ähnlich als hätte ich Stecknadeln oder einen Stickrahmen benutzt. (Ein bisschen Dehnung kann man mit Dampf ausbügeln.)

Dann habe ich die Bündchen mit Langettenstich und bunter Wolle in passenden Farben verstärkt.

Als ich die Jacke fotografieren wollte, entdeckte ich noch ein winziges Loch an der Hüfte. Ich habe es mit einem Filzstern aus meinem Vorrat bedeckt (gemacht nach der Methode auf S. 112, bei welcher der Stern durch eingeschnittene Keile aus einem Kreis entsteht).

Seit ich diese Jacke das erste Mal geflickt habe, sind noch zwei Löcher und eine fadenscheinige Stelle aufgetaucht. Ich hatte kein Stopf- oder Strickgarn in derselben Farbe, daher habe ich die zwei Löcher mit passendem Baumwollnähgarn gestopft. Aber es sollte flauschig aussehen, weswegen ich darüber mit passendem Alpakavlies gefilzt habe. Wenn man genau hinsieht, erkennt man die drei Fäden.

Vorher

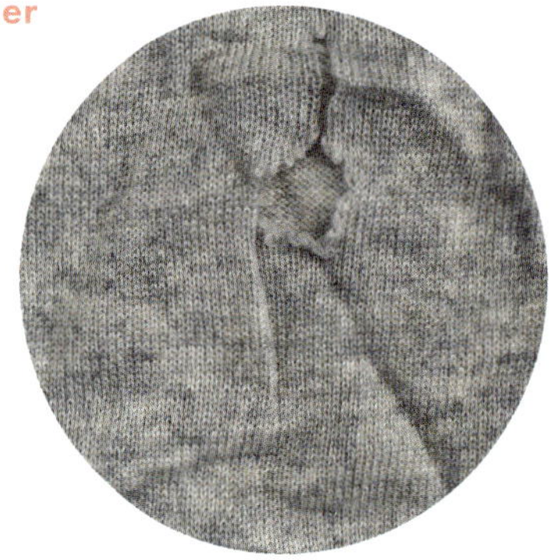

Schablone

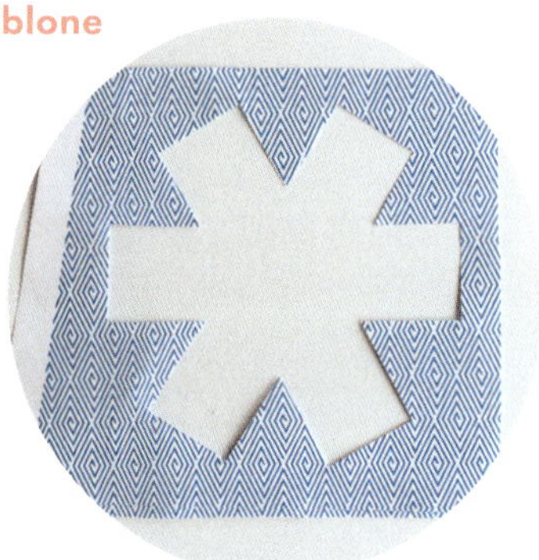

"Das ist meine Lieblingsjacke. Ich war so traurig, als ich ein Loch am Ellbogen und ausgefranste Ärmel entdeckte. Ich folgte Erin auf Instagram und hatte ihre Flickarbeiten gesehen und wusste, sie könnte meine Jacke retten! Ich bin total glücklich mit dem hübschen Flicken am Ellbogen und der Stickerei am Ärmel – es ist jetzt eine einzigartige Jacke. Ich liebe sie und Erins Arbeit." – Kate

Nachher

FALLBEISPIEL: KYLIES JUMPSUIT

Fortschritt

Genutzte Techniken & Materialien

- Malen
- Stofffarbe zum Drucken in zwei Farben
- Malerkrepp

Kylie bat mich darum, ihren Lieblingsjumpsuit nach einem Unfall bei einer Silvesterparty wieder aufzupeppen. Es heißt, ein überfreundlicher Typ, der ziemlich high war, hatte Kylie auf der Party umarmt, und sein mit Chemikalien versetzter Schweiß hat ihren Jumpsuit ausgebleicht.

Als sie mir die Geschichte erzählte, wollte ich zuerst die Flecken umsticken und zu einem Designelement machen. Aber man konnte kaum sehen, wo der Schaden begann und endete. Deshalb habe ich Farbe für den Stoffdruck benutzt und Kylie hat die Farben ausgewählt.

Vor dieser Arbeit hatte ich ziemlichen Respekt. Die Farbe hat die Konsistenz von Zahnpasta, und ich musste eine Minifarbwalze und einen Spezialpinsel kaufen, um sie gleichmäßig aufzutragen.

Bei normalem Wetter dauert es ungefähr zwei Tage, bis jeder Farbauftrag getrocknet ist, zum Glück waren es 38°C, und ich konnte vier Schichten an einem Tag auftragen (ich habe den Jumpsuit draußen trocknen lassen, auf einem Kissen als Kylie-Attrappe). Ich wurde genau zur Partysaison fertig.

Fortschritt

Nachher

FALLBEISPIEL: LETAS KLEID NR. 1

Genutzte Techniken & Materialien

- Stoffflicken + Sticken
- Stoffrest
- Perlgarn in zwei Farben
- Metallic-Nähgarn
- Universal-Nähgarn
- Stickvlies

Letas geliebter Kater, Mouska, hatte ihr Kleid zerrissen und ich sollte es flicken. Normalerweise liebe ich kreative Freiheit, aber hier fielen mir 101 Möglichkeiten ein, wie ich dieses Kleid flicken könnte und ich konnte mich für keine entscheiden. Ich beschloss, zu experimentieren.

Eines meiner japanischen Lieblingsstickbücher heißt *Geometrischer Blumengarten* (ungefähre Übersetzung). Ich benutze die Google Translate App, um meine fremdsprachlichen Handarbeitsbücher zu fotografieren und zu übersetzen, damit ich sie lesen kann, und war begeistert, als die App aus diesem Buch „erfundene Blumen" (wie poetisch!) übersetzte. Ich beschloss, eine erfundene Entschuldigungsblume von Mouska zu machen. Der Stiel ist aus Plattstich und bedeckt den Riss.

Die Blütenblätter entstanden in einer Art Punkversion einer traditionellen Patchworkmethode namens EPP (siehe S. 59). Ich habe sie freihändig aus Papier geschnitten, das wie für eine Schneeflocke zusammengefaltet war, nach dem Auffalten habe ich sechs Blätter daraus geschnitten und für jedes eine Pappschablone gemacht. Vorher habe ich sie durchnummeriert, damit die Reihenfolge beibehalten wird. Mit diesen Pappschablonen habe ich auf den Stoff (lauter Reste) gezeichnet und dann die Blätter mit einer kleinen Nahtzugabe ausgeschnitten. Ich habe die Ränder bei allen umgeschlagen und mit Schablone gebügelt. Dann habe ich alle Blütenblätter aneinandergenäht (wie bei der ursprünglichen Papierblume), bevor ich sie mit silberfarbenen Metallic-Nähgarn auf das Kleid genäht habe.

Vorher

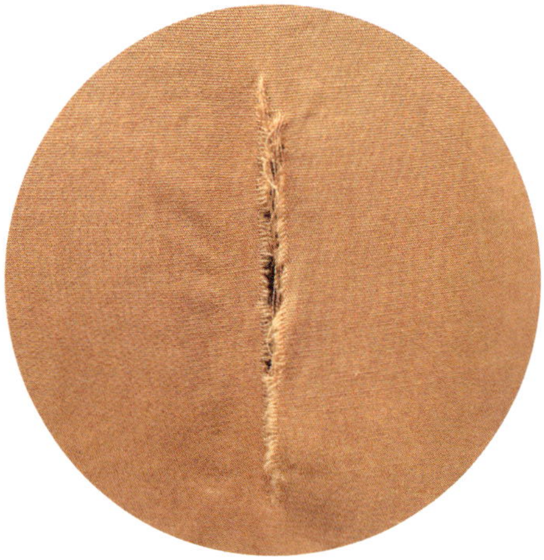

„Die Entschuldigungsblume ist so eine süße Idee. Ich arbeite ehrenamtlich mit Flüchtlingskindern – sie lieben die Blume und die Geschichte dahinter. Wenn ich ihnen erzähle, wie es zu der Blume kam, wollen sie immer ein Foto von Mouska, meinen Tierheimkater, sehen, der ja dafür verantwortlich ist. Als Erin das Kleid zurückgeschickt hat, habe ich Fotos von Mouska gemacht, wie er die Entschuldigungsblume untersucht – manche finden, er sieht gar nicht reumütig aus. Er mag wie ein böses Tier aussehen, aber er ist tatsächlich die sanfteste Katze, die ich kenne. Ich vermute, der Stoff war an der Stelle schadhaft und seine Kralle erwischte einfach die falsche Stelle (oder die genau richtige – Danke, Erin!)."– Leta

Nachher

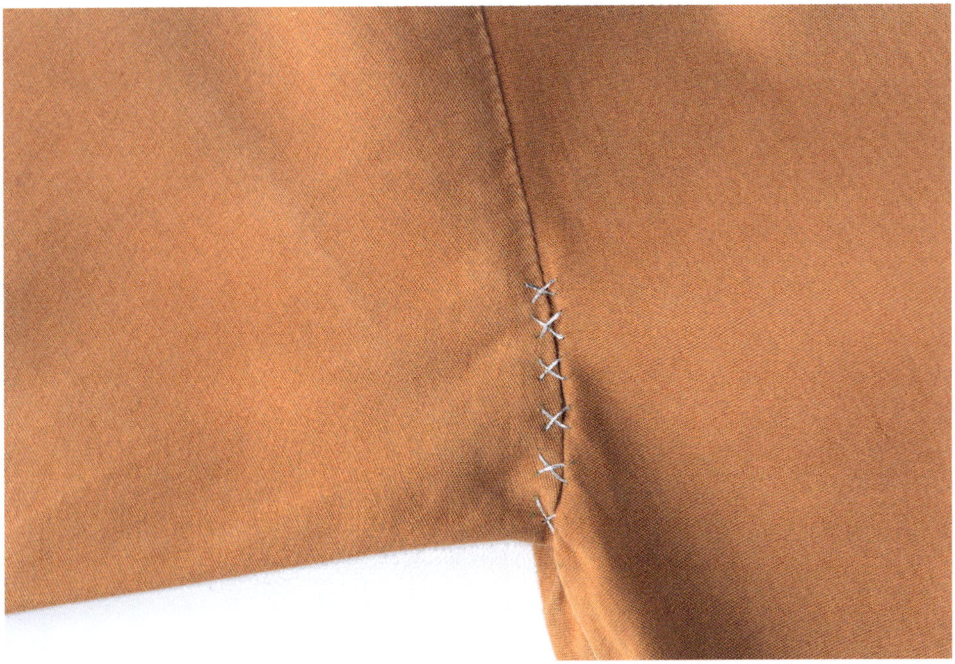

FALLBEISPIEL: LETAS KLEID NR. 2

Vorher

Genutzte Techniken & Materialien

- Stoffflicken + Sticken
- Lederrest
- Vintage Leinenstickgarn

Leta bat mich, ein weiteres Kleid zu flicken, an dem sie ein rätselhaftes Loch an der rechten Hüfte entdeckt hatte.

Ich liebe es, Leinen mit seiner deutlichen Webstruktur zu flicken, weil man ihr gut folgen kann. Aber ich wusste, dass hier etwas anders war – der Stoff wurde rund um das Loch fadenscheinig, was nicht nach einem Unfall, sondern nach Überbeanspruchung aussah. Nach einigem Grübeln stellten wir fest, dass die Tasche, die sie jeden Tag trug, die Schuldige war. Da war mir klar, dass Stopfen nicht reichen würde, sondern eine robustere Lösung gefragt war – eine, die häufiger Reibung widerstehen könnte.

Ellbogenflicken waren meine Inspiration für den Lederflicken. Kurz nachdem ich diese Idee hatte, erzählte mir eine Schülerin von einer örtlichen Lederjackenfabrik, wo sie sich bunte Lederreste besorgt hatte, die eigentlich auf den Müll sollten. Dieses Lederstück stammt aus einem riesigen Bündel aus dem Fabrikmüll. Ich bin Vegetarierin und benutze selten Leder, aber ich hasse den Gedanken, etwas zu verschwenden, sogar noch mehr, also freute ich mich, die Reste verwenden zu können.

Ich habe ein Teststück aus Leder eingeweicht, getrocknet und gebügelt, um zu sehen, ob es sich gut waschen lässt. Dann habe ich darauf verschiedene Farben und Stiche ausprobiert.

An dem echten Flicken habe ich mit einer Ahle Löcher am Rand entlang gestochen. Beim Nähen entstehen Löcher im Leder, anders als im Stoff, und ich wollte meine Stiche so gleichmäßig wie möglich planen.

Schließlich habe ich ihn mit altem, gelbem Leinenstickgarn festgenäht, das zufällig die perfekt passende Farbe und dasselbe Material wie das Kleid hatte.

FALLBEISPIEL: LOUISES PULLOVER

Genutzte Techniken & Materialien

- Nadelfilzen
- Wollvlies in neun Farben

Als ich vor ein paar Jahren Nadelfilzen live auf der Bühne vorstellte, brauchte ich ein löchriges Testobjekt zum Flicken, aber all meine Pullis waren bereits geflickt. Was tun? Also haben die netten Leute vom Sacred Heart Secondhandladen mir ein paar löchrige Pullis aufgehoben, wie dieser aus Wolle und Angora, die ansonsten auf dem Müll gelandet wären. Win-win!

Ich fand den Pulli toll, weil die acht Löcher überall verteilt waren, dadurch konnte ich Konfetti-artige Punkte sticken (ein oder zwei Punkte könnten merkwürdig aussehen, aber viele Punkte sehen aus wie ein Design).

Alle Löcher befanden sich auf der Rückseite des Pullis (Foto), die ist jetzt bunt, die Vorderseite weiterhin ganz schwarz. Meine Freundin Louise ist die neue Besitzerin des Pullis. Sie trägt ihn falsch herum, damit die bunten Punkte zu sehen sind.

Als ich den Pulli für dieses Buch fotografierte, habe ich noch ein Loch gefunden und einen neuen orangegelben Punkt dazu gestickt.

Winzige Löcher sind oft schwer zu finden, wenn man sie flicken will („Wo war dieses Loch noch mal?"). Bei schwarzer Strickkleidung – und in diesem Fall flauschiger, schwarzer Strickkleidung – ist das noch schwieriger, weil die Löcher sozusagen verschwinden und erst beim Tragen sichtbar werden. Um die Suche zu erleichtern, halte ich die Dinge vors Licht und markiere die Löcher mit Sicherheitsnadeln, bevor ich das Flicken plane. So sehe ich mit etwas Abstand, wie viele Löcher es gibt und welches Muster möglich ist. Ich kann gar nicht sagen, wie oft ich schon dachte, ich wäre fertig, bloß um noch mehr Löcher zu finden. Die Löcher vor Beginn zu markieren kann viel Zeit und Nerven sparen.

FALLBEISPIEL: MANDYS GESCHIRRTUCH

Genutzte Techniken & Materialien

- Sticken
- Mehrfädiges Baumwollstickgarn in zwei Farben
- Stift, um das Muster auf dem Stoff zu markieren

Ich habe dieses Geschirrtuch Mandy vor Jahren zum Geburtstag geschenkt. Ich wollte genau dieses Design für sie kaufen, aber das einzige Tuch damit hatte ein kleines Loch.

Ich bin neidisch auf Mandys Zeichentalent, als ich ihr das Geschirrtuch schenkte, sagte ich ihr, ich würde es flicken – wenn sie vorher den Wurm zeichnet.

Der Wurm ist vom Haustier von Oscar aus der Sesamstraße inspiriert und wurde im Flachstich gestickt, um die Regenwurmhaut zu imitieren. Das ursprüngliche Loch wird von dem schwarzen Punkt, an dem der Wurm austritt, bedeckt.

Ich habe das Design dieses Geschirrtuchs immer geliebt, aber ich glaube, wir haben es noch verbessert!

Journalisten fragen mich manchmal, wie ich auf die Idee mit dem Wurm kam. Es erscheint mir so logisch, dass ich nicht weiß, was ich antworten soll – was hätte denn sonst gepasst? Es sollte so sein.

FALLBEISPIEL: NATALIES STRICKJACKE

Vorher

Genutzte Techniken & Materialien

- Nadelfilzen + Sticken + Stopfen
- Wollvlies
- Stickwolle
- Perlgarn
- Bunte Stopfwolle (eine Mischung aus Wolle, Kaschmir, Angora und Nylon)
- Wasserlösliches Stickvlies

Natalies Jacke aus Wolle und Seide hatte ein Loch am Kragen. Ich habe das Loch erst mit der Nadel zugefilzt und dann über den Filzpunkt gestickt. Ich habe wasserlösliches Stickvlies benutzt, um die Strahlen zu sticken, ohne den Stoff zu verziehen.

Nat ist eine großartige Fotografin und die Sonne ist ein Insiderwitz über unser Kennenlernen. Sie deutet darauf, wie wichtig natürliches Licht bei der Fotografie ist.

Aus Versehen pikste ich mit meiner Stickschere ein neues Loch in die Jacke. Wenn man genau hinsieht, erkennt man eine geflickte Stelle, für die ich graues Vlies benutzt habe, um mein Design nicht verändern zu müssen.

Als ich die Jacke fotografieren wollte, entdeckte ich ein neues Loch am Ellbogen, das ich mit Stopfwolle in vielen Farben stopfte. Es ist kaum zu sehen oder zu spüren.

Nachher

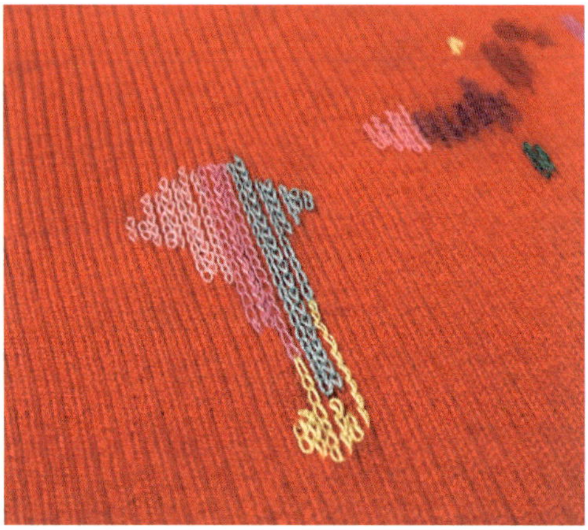

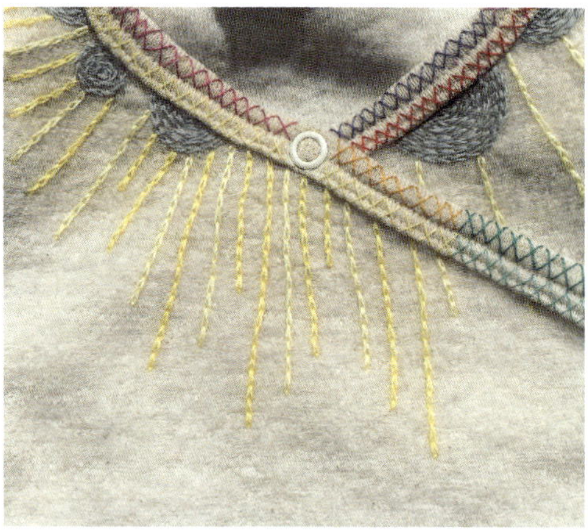

Aleksandra Zdravković / Konfekt Kunststopferei

Hamburg

Instagram: @konfekt_kunststopferei_hamburg

Wie sind Sie zum Flicken gekommen?

Ich habe früher die Sommer im Heimatdorf meines Vaters verbracht. Er stammt aus einer serbischen Bauernfamilie, dort wurde ständig alles Mögliche repariert: Landwirtschaftliche Geräte, Maschinen, Wasserpumpen, Reifen oder Siebe.

Das Flicken kam jedoch von meiner Schwiegermutter. Sie liebte Designerkleidung und pflegte und flickte sie hingebungsvoll. Den Sommer über strickte, stickte und flickte sie. Im Haus, davor, am Fluss oder am Bouleplatz – immer hatte sie ihre Handarbeit dabei. Viele dieser geflickten Juwelen werden immer noch im Sommer von der Familie getragen. Sie sind wahre Schätze.

Seit 2016 flicke ich für Räubersachen (www.raeubersachen.de), eine Firma, die ökologische Bekleidung vermietet. Neben meiner Arbeit für Konfekt arbeite ich immer noch für sie.

Haben Sie eine Flickphilosophie?

Oft schaue ich mir die Löcher wieder und wieder an, bevor ich mit ihnen anfange. Manchmal dauert es etwas, bis eine Idee kommt. Dann wiederum ist es gut, dem ersten Impuls zu folgen und loszulegen, solange die Idee noch frisch ist.

Was war Ihr Lieblingsstück bisher?

Ich liebe Flickereien für meine Kinder, weil sie sich immer so ehrlich darüber freuen. Sie tragen ihre geflickten Kleider liebend gern.

Was war die größte Herausforderung?

Ich habe Kleider bekommen, die mir einfach nichts sagten, die ich nicht begriff. Ich habe gelernt, dass es in Ordnung ist, eine Anfrage abzulehnen, wenn ich das Gefühl habe, dass es nicht zu mir passt.

Was sind Ihre Lieblingsmaterialien oder -werkzeuge?

Fast all meine Garne sind Secondhand Ware, weil ich keine neuen Ressourcen verbrauchen möchte. Ich liebe Kaschmir, Wolle, Yak und Seide, aber mir ist bewusst, dass diese Produkte Tierhaltung bedeuten. Secondhand Produkte sind daher für mich die logischste und nachhaltigste Variante. Es gibt schon so viele schöne Dinge, die wir nutzen können!

Wo flicken Sie am liebsten?

Eigentlich an meinem Arbeitstisch – dort bewahre ich meine Utensilien auf. Aber manchmal arbeite ich lieber allein: zu Hause auf meinem Balkon, in unserer Küche oder unserem Schrebergarten. Da kann ich zwar nicht zwischen vielen Garnen auswählen, aber es gefällt mir, das zu verwenden, was gerade da ist und das Beste daraus zu machen.

Haben Sie Tipps für Anfänger?

Wählen Sie immer ein Garn, das dieselbe Stärke hat wie der Faden des Flickstücks, und dann legen Sie los. Probieren Sie aus, aber bleiben Sie geduldig. Wenn man dranbleibt, wird man schnell besser!

PRÄVENTION & PFLEGE

Flicken ist fantastisch, aber ständig alles flicken zu müssen nicht. Diese Tipps helfen dabei, Kleider und Wäsche richtig zu pflegen, so dass man sie nicht so oft flicken muss.

Prävention

Frühzeitig flicken – präventiv, wenn Sie können – anstatt warten, bis ein großes Loch oder ein Riss entstanden sind.

Benutzen Sie Material von guter Qualität zum Flicken, z.B. extra starkes Garn, um Knöpfe anzunähen, damit das Geflickte länger hält.

Kaufen Sie qualitativ hochwertige Kleidung. Teuer ist nicht unbedingt besser, achten Sie auf Naturfasern wie Baumwolle, Leinen und Wolle, die leicht zu flicken sind, und bei Säumen und Knöpfen, ob sie ordentlich genäht sind. Vorsicht bei Kunstfasermischungen, die Kunstfasern in Stretchjeans und Leggings machen oft nach wenigen Jahren schlapp, so dass der Stoff Falten wirft und sich verzieht – etwas, für das ich noch keine Reparatur entdeckt habe. Als Grundregel gilt, je dünner der Denim und je höher der Kunstfaseranteil, umso schneller verschleißt er. Und Distressed Denim (Jeansstoff im Used-Look) verschleißt schneller als neuer Denim – daran sollte man denken, wenn man vorhat, modisch zerrissene Jeans zu kaufen.

Waschen

Bevor Sie Ihre Kleidung waschen:

- Flecken schnellstmöglich sanft entfernen; je länger Sie warten, umso schwerer wird es. Nicht reiben, das kann Stoffe ausbleichen, einweichen ist sanfter; alte und empfindliche Kleidungsstücke nur ein oder zwei Minuten einweichen, da die Farbe ausbluten kann, wodurch woanders neue Flecken entstehen können. Bei Ölflecken zunächst die Flüssigkeit mit Maisstärke oder Backpulver aufsaugen, abwischen und Spülmittel direkt auf den Fleck geben. Ein paar Stunden einwirken lassen, dann wie üblich waschen. Hitze kann Flecken verstärken, daher ist es besser, an der Luft zu trocknen, bis man sicher sein kann, dass der Fleck weg ist.
- Schließen Sie alle Reißverschlüsse und Knöpfe. Offene Reißverschlüsse können an Kleidungsstücken Fäden ziehen oder Risse verursachen.
- Taschen leeren. Taschentücher etwa können eine Waschladung ruinieren.
- Wenden Sie Kleidungsstücke auf links, damit sie nicht ausbleichen und sich keine Wollknötchen bilden.
- Empfindliche Stücke sollten in einem Waschnetz gewaschen werden.

Nur leicht verschmutzte Alltagssachen können auch kalt gewaschen werden, was Energie spart und die Kleidung weniger strapaziert.

Für Wollsachen oder empfindliche Stoffe ein Woll- oder Pflegewaschmittel benutzen. Wenn Ihre Wollkleidung laut Etikett in der Maschine gewaschen werden kann, dann nur im Woll- oder Schonwaschgang.

Waschen Sie Kleider nur, wenn es nötig ist, nicht nach jedem Tragen. Wenn man Flecken entfernt und Kleidung lüftet, hält sie länger (und man spart Wasser und Strom). Einen einzelnen Fleck zu entfernen funktioniert bei den meisten Fasern, aber bei Seide, Viskose und Tencel ist es besser einzuweichen, sonst kann ein Wasserfleck zurückbleiben.

Trocknen

Kleidung auf einer Leine oder einem Wäscheständer an der Luft zu trocknen, verbraucht viel weniger Energie als ein Trockner. Außerdem mag ich den Geruch von luftgetrockneter Wäsche lieber. Ich nutze eine Regenradar-App, die mich warnt, wenn Regen kommt, so kann ich die Kleidung länger auf der Leine lassen (und währenddessen auf dem Sofa dösen).

Die Sonne ist ein starkes Desinfektionsmittel und eine starke Bleiche. Hängen Sie nasse Kleidung auf links auf, damit sie nicht verblasst oder auf rechts, damit sie richtig weiß wird. Ich trockne schwarze und empfindliche Kleidung normalerweise im Schatten.

Pullover und andere Stricksachen sollten flach auf einem Wäscheständer trocknen, sie können beim Aufhängen verziehen und im Trockner einlaufen. Sind die Kleidungsstücke fast trocken, können Sie sie sanft in Form ziehen.

Aufbewahrung

Waschen Sie Wollsachen und Decken vor dem Wegräumen, um Motten fernzuhalten. Diese lieben Schmutz und den menschlichen Geruch, aber hassen Zedernholz, Lavendel, Nelken, Rosmarin und Thymian. Nähen Sie Duftsäckchen. Sind schon Motten da, packen Sie die Kleidung für zwei Wochen in den Gefrierschrank, das tötet Eier und Larven ab.

Erhalt

- Flüssiger Nahtdichter versiegelt ausgefranste Kanten. Er verlängert das Leben von Jeans an Taschenkanten und Säumen.
- Ein Fusselkamm entfernt Wollknötchen von Stricksachen und ist bei Kaschmir besonders effektiv.
- Farbe kann verblasste Kleider auffrischen. Es gibt verschiedene Farben für Natur- und Kunstfasern. Bei Mischgewebe folgen Sie der Herstellerempfehlung der Farbe. Kleidung mit Flecken zu färben funktioniert nicht immer. Manchmal sieht das Kleidungsstück brandneu aus, manchmal einfach nur dunkler (oder hat eine andere Farbe), aber die Flecken, die Sie eigentlich überfärben wollten, sind immer noch zu sehen.

BEGEISTERUNG WECKEN & WIRKUNG ENTFALTEN

Ich möchte mit diesem Buch meine Begeisterung fürs Flicken mit Ihnen teilen und Ihnen das Wissen, den Enthusiasmus und das Selbstvertrauen vermitteln, praktisch alles flicken zu können. Probleme durchs Flicken lösen zu können, ist so eine tolle Fähigkeit. Teilen Sie mit anderen, was Sie gelernt haben und verstärken Sie so Ihren ökologischen Einfluss!

Ich habe schon geflickt, lange bevor ich umweltbewusst agierte. Es war etwas, das ich ganz allein tat, ohne wirklich darüber nachzudenken. Aber jetzt gibt es eine internationale Gemeinschaft von Leuten, die die Umwelt schützen und dafür die Flickkunst wiederbeleben möchten. Und Sie können diese Gemeinschaft stärken.

Flicken kann wirkmächtig sein, die Begeisterung dafür zu teilen, umso mehr. Hier ein paar Vorschläge, wenn Sie das Meiste aus Ihrem Flicken herausholen und nach außen wirken möchten:

Reden Sie darüber

- **Tragen Sie sichtbar Geflicktes stolz.** Sichtbare Flicken können zu tollen Gesprächen führen, und ein sichtbar geflicktes Kleidungsstück ist die perfekte Uniform für introvertierte Aktivisten, weil es das Eis bricht. Wenn man etwas mit sichtbaren Flicken trägt und mit jemandem darüber spricht, beweist man, dass Flicken nicht nur möglich ist, sondern auch kreativ und bunt sein kann und dass es wichtig ist, Kleidung zu pflegen. (Wenn ich Leuten erzähle, dass ich beruflich Kleider flicke, ernte ich oft höfliches Nicken. Aber wenn ich ihnen Beispiele dafür zeige, sind sie fasziniert. Manchmal muss man etwas sehen, um es zu begreifen.)
- **Flicken Sie in der Öffentlichkeit.** Um noch leichter ins Gespräch zu kommen, flicken Sie doch mal in der Öffentlichkeit! Das ist interessant und ungewöhnlich und bietet die Chance, darüber zu reden und das Flicken als etwas Normales und Machbares anzusehen. Nehmen Sie etwas zum Flicken mit auf Reisen, in Ihre Mittagspause oder wenn Sie warten müssen, wie z.B. beim Arzt. (Ich plane zu Hause, wähle dort die Farben aus, markiere den Stoff und setze Nadeln, das eigentliche Nähen und Stopfen, was repetitiv und zeitaufwendig ist, mache ich unterwegs.) Ein einfaches Reiseflickset auf der Arbeit bringt Sie vielleicht mit ein, zwei Kollegen ins Gespräch, und Sie können ihnen zeigen, dass es einfacher ist als gedacht.

Teilen Sie Ihr Wissen

- **Bringen Sie einem Freund das Flicken bei.** Wenn Sie das nächste Mal an der Kleidung eines Freundes ein Loch oder einen fehlenden Knopf entdecken, fragen Sie, ob Sie ihm oder ihr beibringen sollen, wie man das flickt. Oder bringen Sie Kindern das Flicken bei, so dass nicht Sie, sondern die Kinder selbst ihre Kleidung flicken. (Ich habe mit 9 mit dem Maschinennähen begonnen und habe schon Vierjährigen das Nähen beigebracht. Die Vierjährige hat es super gemacht, je älter man ist, umso mehr stören Selbstzweifel und Perfektionismus.) Wenn Sie nicht sicher sind, wie etwas am besten geflickt wird, können Sie und der andere es mit Hilfe dieses Buchs zusammen lernen.
- **Geben Sie einen Workshop.** Wenn Sie etwas routinierter im Flicken sind, können Sie andere darin unterrichten. Sie brauchen dafür kein Experte zu sein. Bitte wiederholen: Man muss kein Experte sein, um etwas weiterzugeben. (Und wer ist denn überhaupt ein Flickexperte?) Selbst wenn Sie bisher nur Knöpfe angenäht haben, könnten Sie Ihren Kollegen genau das beibringen. Sie wären überrascht, wie viele das nicht können, aber gern lernen möchten
- **Flicken Sie ehrenamtlich.** Ehrenamtlich zu flicken ist eine gute Übung und man gibt seiner Gemeinde etwas zurück. Während ich das hier schreibe, gibt es in Australien über 40 Reparaturcafés und Reparaturinitiativen und weltweit über 1.800. Wenn es das in Ihrem Ort nicht gibt, können Sie damit beginnen. Unter repaircafe.org/de gibt es Informationen. Man muss nicht mal Flicken können, um zu helfen, es braucht auch Leute am Empfang, Fotografen, Social-Media-Stars und allgemeine Hilfe.

Teilen Sie Ihr Spielzeug

- **Tauschen statt kaufen.** Regen Sie an, mit gleichgesinnten Freunden Stoffreste und Garn zu tauschen, um Ihren Vorrat aufzufrischen und ihn spannender zu machen. Manchmal habe ich genug davon, mir die immer gleichen Stoffreste anzusehen, von denen ich weiß, dass ich sie nie benutzen werde. Vielleicht liebt jemand anderes sie. Sie könnten mit Ihren Freunden eine Stoffbibliothek anlegen (vielleicht in einem kleinen Koffer?), dann haben alle Zugriff darauf, und nicht jeder muss alles kaufen. Oder Sie organisieren ein Tauschevent in Ihrer Gemeinde, wo jeder nicht mehr gebrauchte Stoffreste, Garne und Utensilien, gegen etwas tauschen kann, das er braucht. So landet nichts auf dem Müll und Sie bekommen gratis inspirierendes neues Zubehör (und Gespräche).

→

- **Machen Sie Flicksets für andere.** Kennen Sie jemanden, der gern flicken könnte, aber nicht weiß, wie er anfangen soll oder der keine Zeit hat, sich Zubehör zu besorgen? Stellen Sie ein einfaches Flickset in einem Glas oder einer Dose zusammen, und bieten Sie ihm dazu ein oder zwei Lehrstunden (oder dieses Buch) an.
- **Teilen Sie dieses Buch.** Wenn Sie mit diesem Buch fertig sind, geben Sie es an jemanden weiter, der es vielleicht benutzen kann. Und bitten Sie Ihre Bibliothek, Bücher übers Flicken zu kaufen, dann können viele sie gratis nutzen.

Sozial denken

- **Zeigen Sie Ihr Geflicktes in den sozialen Medien.** Wie das Flicken in der Öffentlichkeit trägt auch das Flicken in sozialen Medien dazu bei, es bekannter und normaler zu machen. Je häufiger Sie zeigen, was Sie tun, umso wahrscheinlich ist es, dass Ihre Freunde Sie danach fragen und Sie um Hilfe bitten, um selbst anzufangen. Nutzen Sie das Hashtag #visiblemending, um andere außerhalb Ihres sozialen Netzwerks zu inspirieren. Ich leite eine nette Facebook Gruppe namens Modern Mending Club, in der Leute Rat und Inspiration zum Flicken bekommen. Sich mit anderen zu vernetzen, stärkt unseren Zusammenhalt und das eigene Selbstvertrauen.
  Tipp: Die Leute lieben Vorher-Nachher-Fotos, auf denen der Schaden zu sehen ist. Wenn jemand anderes dasselbe Problem hat (z.B. ein Loch am Ellbogen), wird er das eher angehen, wenn er die Veränderung und wie man dahin kommt sieht.
- **Ein Flicktreffen organisieren.** Ein Flicktreffen macht Spaß und motiviert, den Flickstapel endlich anzugehen, während man mit Freunden plaudert. Wer mehr Erfahrung hat, kann helfen, und jeder wird von dem inspiriert, was die anderen flicken. Ich habe solche Treffen zu Hause abgehalten und Tee, Snacks, gute Musik, Flickbücher und meine Nähmaschine zur Verfügung gestellt. Jedes Mal habe ich Unmengen von Dankeskarten bekommen und die Bitte, noch eins zu organisieren. Sie könnten nur Ihre Freunde einladen (und eventuell deren Freunde), oder Sie könnte eine Flickgruppe in Ihrer Gemeinde gründen und neue Freunde finden.

FÜR ANDERE FLICKEN & IHRE ZEIT SCHÄTZEN

Für andere zu flicken kann eine schöne Art und Weise sein, Ihre Fürsorge zu zeigen - für den Planeten und die Menschen, die Sie lieben. Wenn Sie etwas für andere flicken, geben Sie ihnen Ihre Zeit, Energie, Kreativität, Wissen und Erfahrung.

Lieblingskleider nutzen sich ab, und bei Freunden, Verwandten und Bekannten ergeben sich immer Möglichkeiten zum Flicken.

Wenn Sie, anders als ich, kein Geld für Ihre Dienste nehmen müssen, könnten Sie einen Tauschhandel daraus machen oder ein Geschenk. Egal, ob Sie professionell oder privat und gratis flicken, die folgenden Gedanken sollten helfen, Ihre Zeit, Energie und Ihr Wissen richtig zu wertschätzen.

Niemand weiß, wie lang das Flicken tatsächlich dauert (nicht einmal Sie selbst).

Jedes Projekt ist einzigartig, daher ist es schwer einzuschätzen, wie viel Zeit man dafür braucht, besonders, wenn es ein kreatives Flicken ist. Ich brauche oft lange, um Farben und Designs zu planen, wenn ich für andere flicke. Rechnen Sie noch zusätzliche Zeit ein, wenn Sie Zubehör suchen müssen und für die Vorher-Nachher-Fotos.

Überraschung! Es gibt immer mehr Löcher.

Ich finde eigentlich immer mehr Löcher oder Risse als angekündigt. Oft weiß der Kunde gar nichts davon. Zusätzliche Löcher machen ein Projekt zeitaufwendiger und wirken sich auf das Design aus, wenn man vorher ein Muster oder eine Farbverteilung geplant hat.

Eine Möglichkeit: Setzen Sie den Preis für die Anzahl Löcher fest und fragen Sie den Kunden, ob weitere Löcher ignoriert oder in Rechnung gestellt werden sollen. Oder bitten Sie sie, alles, was geflickt werden soll, mit einer Sicherheitsnadel zu markieren, der Rest bleibt dann wie er ist.

Ich berechne meist einen Pauschalpreis, der auf einen Stunden- oder Tagessatz basiert, plus die Kosten von neuem Zubehör oder Materialien, die ich eventuell kaufen muss. Wenn Sie weniger als den vollen Wert berechnen wollen, weil Sie glauben, dass ein fairer Preis zu teuer klingt und den Kunden vertreibt, dann sollten Sie anderweitig von dem Projekt profitieren, damit es die Zeit wert ist.

Manchmal sage ich „Bezahlen Sie, was es für Sie wert ist". Das verwirrt die Leute, weil wir nicht daran gewöhnt sind, so für etwas zu bezahlen. Außerdem ist Fast Fashion inzwischen so billig, dass 10 Euro für ein T-Shirt – für das 2.700 Liter Wasser verbraucht wurden und Bauern Baumwolle angebaut und gepflückt haben, die dann von Menschen verarbeitet und gefärbt wurde, dann gestrickt, zur Fabrik gefahren, zugeschnitten und genäht wurde – normal scheinen, und es wirkt komisch, jemandem mehr als 10 Euro für seine Zeit und Material zum Flicken zu bezahlen. Was noch verrückter ist, wenn man darüber nachdenkt. Bloß weil die Preise für Fast Fashion irrsinnig sind, muss man nicht weniger Geld für seine Zeit akzeptieren.

Pfleglicher Umgang.

Es ist eine gute Idee, einem geflickten Kleidungsstück eine Pflegeanleitung mitzugeben, z.B. „nur Handwäsche" oder „auf links waschen/bügeln". Das verlängert dessen Lebensdauer, und Ihre Arbeit wirkt so am besten. Manchmal gebe ich extra Flicken oder Garn mit, damit der Besitzer in Zukunft selbst flicken kann.

Es ist okay nein zu sagen.

Sie brauchen sich nicht ökologisch schuldig zu fühlen, weil Sie einer Bitte zum Flicken nicht nachkommen können oder wollen. Wenn ich ehrenamtlich im örtlichen Reparaturcafé arbeite, zeige ich den Leuten, wie sie etwas flicken können, tue es aber nicht selbst. Wenn ich mein Wissen teile, habe ich mit weniger Zeitaufwand eine größere Wirkung.

Flick-Erste-Hilfe, die ich Hilary und Emily mit ihren geflickten Shirts gegeben habe.

BEZUGSQUELLEN: WO GIBT ES FLICKZUBEHÖR

Bevor Sie einkaufen

Ich hoffe, mein Plan hat funktioniert, und Sie können es nicht mehr erwarten, auf Kurzwareneinkaufstour zu gehen. Aber ich möchte Sie vorher ermuntern, das zu nutzen, was Sie bereits haben.
Etwas Neues zu kaufen hat Auswirkungen auf den Planeten, wenn man die Rohmaterialien, Wasser, Strom, Verpackung und Transport mitberechnet. Wenn es darum geht, unsere Besitztümer zu wertschätzen, dann auch unsere Kleider, Utensilien und Materialien, die wir zum Flicken verwenden.

Schauen Sie in meine Tipps, vielleicht finden Sie alles, ohne es neu zu kaufen:

- **Benutzen Sie, was Sie haben!** Lieben Sie, was Sie besitzen! Das ist die umweltfreundlichste Lösung und besser als alles Recycelte, Ökologische, fair Gehandelte etc. Eine kleinere Auswahl kann kreativer machen, und sichtbares Flicken bietet die Chance, neue Farbkombinationen auszuprobieren. Tipp: Wenn Sie Ihren Vorrat komplett an einer Stelle lagern, sehen Sie schneller, was Sie haben und was vielleicht noch fehlt.
- **Bitten Sie Freunde und Familie um das, was Ihnen fehlt.** Sie werden überrascht sein, was Sie da alles finden. Leute, die handarbeiten, besitzen häufig mehr Stoff, Wollreste und Nadeln, als sie verbrauchen können. Sie werden begeistert sein, etwas loszuwerden, das sinnvoll genutzt wird.
- **Unterstützen Sie den örtlichen Wohltätigkeitsladen.** Ich liebe es, in Secondhandläden zu wühlen! Meine Lieblingsläden haben sogar eine Ecke für Handarbeiter, mit Resten, die man zum Flicken gebrauchen kann. Sollte es das bei Ihnen nicht geben, sprechen Sie mit den Verkäufern, vielleicht achten die dann darauf. Tipp: Wenn Sie ehrenamtlich in einem solchen Laden arbeiten, sehen Sie als Erste, was man zum Flicken nutzen kann (auch wunderschöne Kaschmirpullover, die geflickt werden wollen!) und tun gleichzeitig etwas Gutes.
- **Suchen Sie online nach gebrauchtem Material.** Lokale Tauschgruppen (z.B. Facebook Gruppen zum Kaufen/Verkaufen/Tauschen und für gutes Karma) sind perfekt, um nach Benötigtem zu suchen und man trifft auch noch nette Nachbarn. Etsy, eBay und ebay-kleinanzeigen.de sind gute Seiten, um nach besonderen Secondhand Gegenständen wie Stickgarn, Stopfwolle und Stopfpilzen zu suchen.

DANKSAGUNGEN

Danke:

- an Matt, meinen Lieblingsmenschen, für all die Essen, Aufmunterungen, das Katzenkümmern, die endlos vielen Tassen Tee und für die Hilfe, aus unserem Zuhause ein Fotostudio zu machen.
- an meine Flickschüler für ihren Enthusiasmus, ihre klugen Fragen und weil ich von ihnen lerne, wie sie von mir.
- an meine Flickkunden, weil sie mir ihre Kleiderschätze anvertrauen und mir Experimente erlauben.
- an meine modernen Flickkollegen Eline, Hikaru, Miriam, Nina, Roberta, Sonya, Tom und Zaki, weil sie uns alle zum schöneren Flicken inspirieren.
- an mein Traumteam Coco, Emily und Claire, weil sie an dieses Buch geglaubt haben und aus meinen wilden Ideen etwas Tolles gemacht haben.
- an meine Testleserinnen Mary Ellen, Kate, Collette, Agy und Geraldine für Eure klugen redaktionellen Vorschläge.
- an Sheralynn und Kate, weil ihr begeistert Proben genäht, gestrickt und mich gerettet habt.
- an Amy, June und Jacob von den Sacred Heart Mission Läden in Fitzroy North, Elsternwick und Preston, weil sie heimlich Kleider zum Flicken gesammelt haben (manche tauchen im Buch auf).
- an alle, die ihre fotogenen, kaputten Reißverschlüsse, Jeans, Socken und Geschirrtücher gespendet haben.
- an Natalie fürs Aktualisieren meiner Fotokenntnisse, so dass sie ins 21. Jahrhundert passen.
- an Ramona für tolle Tipps zum Buchschreiben und der Organisation des Lebens währenddessen.
- an Madeleine fürs Organisieren der fantastischen Side Project Sessions, wo ein Großteil des Buchs geschrieben wurde.
- an Hilary für deine lieben Worte und stetige Unterstützung.
- und an Miko, die weltbeste Katze 2002–2018, und Chilli, Model und außergewöhnlicher Bürohund, der während der Produktion des Buchs von uns gegangen ist.

ÜBER DIE AUTORIN

Erin Lewis-Fitzgerald ist die führende Kleiderflickerin Australiens. Ihre Flickwerke wurden in Kunstausstellungen in Melbourne und Adelaide gezeigt, und sie gibt Workshops in ganz Australien.

Erins Karriere begann mit 15 als Journalistin, sie arbeitete außerdem zwei Jahrzehnte als Redakteurin, Korrektorin, Autorin und Fotografin, was ihr bei ihrem ersten Buch *Geschickt geflickt* half. Nachdem sie den Journalismus hinter sich gelassen hat, gründete sie Bright Sparks, eine Wohltätigkeitsorganisation, die Elektrogeräte repariert, damit sie nicht auf dem Müll landen.

Wenn sie nicht gerade versucht, den Planeten (schick) zu retten, bastelt sie winzige Dioramen für ihren magischen Briefkasten oder kocht für ihren Kochbuchclub, die Ottolenghi Appreciation Society. Sie träumt davon, im Ruhestand ein Luxuskrankenhaus für Plüschtiere zu leiten.

Sie finden sie im Internet unter erinlewisfitzgerald.com und modernmending.com.

www.affirmpress.com.au

Erstausgabe 2020: Affirm Press

Titel der Originalausgabe: Modern Mending / Erin Lewis-Fitzgerald

Vollständige E-Book-Ausgabe der im Stiebner Verlag erschienenen
Printausgabe (ISBN 978-3-8307-2104-8).

Bibliografische Information der Deutschen Nationalbibliothek: Die Deutsche Nationalbibliothek verzeichnet diese Publikation in der Deutschen Nationalbibliografie; detaillierte bibliografische Daten sind im Internet über http://dnb.dnb.de abrufbar.

Übersetzung aus dem Englischen: Christine Heinzius

Satz und Redaktion (Printausgabe): Stefanie Klapetek, Melanie Stiebner

Druck: BALTO print, Litauen

2. Auflage 2023

Verlagshinweise: Wir produzieren unsere Bücher mit großer Sorgfalt und Genauigkeit. Trotzdem lässt es sich nicht ausschließen, dass uns in Einzelfällen Fehler passieren. Unter www. stiebner.com/errata/2104-8.html finden Sie eventuelle Hinweise und Korrekturen zu diesem Titel. Möglicherweise sind die Korrekturen in Ihrer Ausgabe bereits ausgeführt, da wir vor jeder neuen Auflage bekannte Fehler korrigieren. Sollten Sie in diesem Buch einen Fehler finden, so bitten wir um einen Hinweis an verlag@stiebner.com. Für solche Hinweise sind wir sehr dankbar, denn sie helfen uns, unsere Bücher zu verbessern.

ISBN: 978-3-8307-3058-3

www.stiebner.com